Wilhelm Landau

Beiträge zur Altertumskunde des Orients

Wilhelm Landau

Beiträge zur Altertumskunde des Orients

ISBN/EAN: 9783743307551

Hergestellt in Europa, USA, Kanada, Australien, Japan

Cover: Foto ©ninafisch / pixelio.de

Manufactured and distributed by brebook publishing software
(www.brebook.com)

Wilhelm Landau

Beiträge zur Altertumskunde des Orients

Beiträge

zur

Altertumskunde des Orients.

Von

Wilh. Dr. Freih. v. Landau.

II.

Die phönicischen Inschriften.

Leipzig.
Verlag von Eduard Pfeiffer
1899.

Die vorliegende Zusammenstellung der phoenizischen Inschriften bezweckt weniger eine selbständige Förderung des Verständnisses der Texte, als eine bequeme Übersicht über das Vorhandene für den Nichtfachmann, um durch Bequemlichkeit der Benutzung auch das Interesse weiterer Kreise an den nur Wenigen zugänglichen semitischen Inschriften reger zu machen. Ich wollte daher für denjenigen Zweig der semitischen Epigraphik, mit dem ich mich eingehender beschäftigt habe, eine Probe geben, wie ich mir vorstelle, dass nach dem Muster der klassischen Philologie auch auf orientalischem Gebiete durch Verallgemeinerung des Interesses Erspriessliches geschaffen werden kann.

Der Lage der Sache nach musste ich mich für die phoenizischen Inschriften an das Corpus inscriptionum Sem. anschliessen, für die neuhinzugekommenen Texte finden sich die betreffenden Vermerke je an ihrer Stelle. Ausführliche bibliographische Nachweise hat man jetzt bei Lidzbarski, Handbuch der nordsemitischen Epigraphik.

W. v. Landau.

1. Antaradus (Tell Ramqe).

(Dussaud in Revue archéologique XXX p. 332. Lidzbarski in Orient. Litteraturzeitung 1898, 9.).

ה ‏‏ 2 מים

איש יטנא ‏‏ ד

דמד בנ האשד

2. Gebal. 1.

Im Besitze des Herrn Julius Loytved-Beirût befindet sich ein Bruchstück einer ägyptischen Inschrift des Pharao Šešonk mit einer phönikischen Widmung eines Königs von Gebal an die Ba'alat-Gobal.

3. Gebal 2. CI. 1.

אנכ יחומלכ מלכ גבל בנ יהר[ר]בעל בנ בנ א[ר]מלכ מלכ

גבל איש פעלתנ הרבת בעלת גבל [מ]מלכת על גבל וקרא אנכ

את רבתי בעלת גבל [בשמע ק]ל ופעל אנכ לרבתי בעלת

גבל המובה נחשת זנ איש ב[הצר] ו והפתה הרצ זנ איש

על פנ [פתה] ו יהע[ר]ת הרצ איש בת[כ]ה [אב]נ איש על פתה הרצ זנ

יהעריר זא ועמדה יק[ראישמ] איש עלהמ ומספנתה פעל אנכ

1.

Hermeias,

was er errichtet hat für
D m d, den Sohn von T' s̆ l

2.

3.

1. Ich bin Jeḥaw-melek, König von Gobal, Sohn Jh?-ba'als, Enkel O[r]-melek's. Königs

2. von Gobal, den gemacht hat die Herrin, die Ba'alat-Gobal zum Herrscher über Gobal. Ich rufe an

3. meine Herrin, die Ba'alat von Gobal. [weil sie erhört meine Sti]mme. Und ich errichtete für meine Herrin, die Ba'alat

4. von Gobal, diesen Altar aus Erz, welcher steht in diesem [Vorhof] und diese Pforte aus Marmor[1]. welche sich befindet

5. gegenüber (vor) dieser |Pforte, und diese '?t (?) aus Marmor[1]), welche sich befindet inmit[ten (?) des Stein es. welcher steht an[2]) dieser Marmorthür.

6. Und diese Säulenhalle und ihre Säulen und die [Capitäle], welche darüber sind, und die Deckplatten. habe ich gemacht,

[1]) „Bildhauerwerk."
[2]) liegt über?

1*

יחימלך מלך גבל לרבתי בעלת גבל [ב]מ אש קראת את רבתי

בעלת גבל [ז]שמע קל ופעל לי נעמ תברכ בעלת גבל א[א]ית יחימלך

מלך גבל ותחוו יארכ ימי ושנתו על גבל [ב]מלכ צדק הא ותתנ

לו חרבת ב[עלת גבל חג לענ אלנמ ולענ עמ ארצ ז יתנ עמ אר־

ג] אחר עד עלמ] כל ממלכת וכל אדמ אש [י]סף לפעל מלאכת
עלה מו־

בה ז ועלה פ[ה]ח הרצ ז ועלה ערפת זא שמ אנכ יחומלכ]

מלכ גבל פני ב]פעל מלאכת הא ואמ אבל תשת שמ אתב ואמ . .

] . . . . . [. . .] ה[את] . . . ו . . . בלה . . . עלה מקמ ז ו[בל|

] . . . תקצ] חרבת בעלת גבל אית האדמ הא וזרעי

✓ 4. Sidon 1.

E. Renan und Ph. Berger in Revue archéol. III. Sér. Tom. X. pag. 1 ff. G. Hoffmann, Über einige phönikische Inschriften. S. 57.

אנכ תבנת כהנ עשתרת מלכ צדנמ בנ

אשמנעזר כהנ עשתרת מלכ צדנמ שכב בארנ

י מי את כל אדמ אש תפק אית הארנ ז אל אל ת־

7. Jeḫaw-melek, König von Gobal, für meine Herrin, die
Ba'alat von Gobal, weil, wenn ich anrufe meine Herrin.

8. die Ba'alat von Gobal, sie meine Stimme erhört, und
mir gutes erweist. — Es segne die Ba'alat von Gobal
Jeḫaw-melek,

9. den König von Gobal, und gebe ihm Leben und ver-
längere seine Tage und Jahre über Gobal, [denn] ein
gerechter König ist er. Und es gebe

10. [ihm die Herrin, die Ba['alat von Gobal, Gnade in
den Augen der Götter und in den Augen des Volkes
dieses Landes und Gnade (vor) dem Volke des Landes

11. [......¹) bis in Ewigkeit (?)]. — Jeder Fürst und
jeder Mensch, welcher hinzufügt zu bauen zu diesem Al-

12. [tar und zu dieser Tü]r aus Marmor²) und zu dieser
Säulenhalle: da lege ich Jeḫaw-melek

13. [König von Gobal, Widerspruch ein gegen] die Ausführung dieses Werkes: du sollst³) nicht setzen meinen
Namen neben dich (den deinigen) und sollst nicht ...

14. .... an diesen Ort. [Und jeder

15. ... soll vertilgen] die Herrin, die Ba'alat von Gobal,
diesen Menschen und seine Nachkommenschaft.

4.

1. Ich bin Tabnit, der Priester der Aštoret, König der
Sidonier, Sohn

2. Ešmun-'azar's, Priesters der Aštoret, Königs der Sidonier, welcher in diesem Sarge ruht.

3. Wer du auch seist, jeder Mensch, der du stösst¹) auf
diesen Sarg, nicht sollst du

---

¹) CI: [אחר] „anderer Länder." Ist der Name des herrschenden
Volkes ausgefallen? (Griechen? Tyrus?).

²) אם אל hebr. אל אם, jedoch hier einfach prohibitiv.

³) פן.

פתח עלתי יאל תרגנ ב אי אדלנ כסף אי אדלנ

הרצ וכל מענ משׁד בלת אנב שבב בארנ ז אל אל תפתד

ה עלתי יאל תרגנ ב תעבת עשתרת הדבר הא ואנ פתד
ה תפתה עלתי ירגנ תרגנ אל י(ו)כנ ל(ו)כ גרע בחומ תחת שׁמר

שׁ ימשבב את דפאנ

`5. Sidon 2. Cl. 3.

ביׁרה בל בשׁנת עסר יארבע X III I לימלכי מלכ אשׁמנעור מרב
צדנמ

בנ מלכ תבנת מלכ צדנמ דבר מלב אשׁמנער מלכ צדנמ לאמר
גנלת

בל ערו בנ מכב ימטׁ אורמ יתמ בנ אלמת ישׁבב אנב בחלת ו
יבבר ז

במקמ אשׁ בנת קנמי את בל ממלכת יבל-אדמו אל יפתח אית
משׁבב ז יׁ

אל יבקשׁ בנ מענ ב אי שׁמ בנ מענ ואל ישׁא אית חלת משׁבבי
ואל יעמ

סנ במשבב ז עלת משבב שׁני אפ אמ אדממ ידברנב אל תשׁמע
בדנמ ב בל-ממלכת ו

---

¹) Vom Steinmetz ausgelassen.

4. öffnen die Tür seiner Kammer und nicht mich stören,
denn nicht ist bei mir Silber, nicht ist bei mir

5. Gold, noch irgend etwas an Wertsachen (?). Nur ich
liege in diesem Sarge. Nicht sollst du öffnen

6. seine Kammer und nicht mich stören, denn ein Frevel
gegen Aštoret

7. wäre dieses Tun. Und wenn du doch öffnen

8. solltest seine Kammer und mich stören solltest, nicht
soll dann sein dir Nachkommenschaft im Leben
unter der Sonne

9. und eine Ruhestätte bei den Schatten.

5.

1. Im Monat Bul im Jahre vierzehn 14 der Regierung
des Königs Ešmun-'azar, Königs der Sidonier.

2. Sohnes des Königs Tabnit, Königs der Sidonier: es
spricht der König Ešmun-'azar, König der Sidonier
folgendermassen: Ich bin dahingerafft

3. nicht zu (= vor) meiner Zeit, ein Kind von wenig Jahren
(= jung), kränklich[1]), eine Waise, Sohn einer Wittwe.
Und ich liege in diesem Sarge und in diesem Grabe

4. in der Stätte, die ich erbaut. Meine Beschwörung
ergeht an alle Herrscher und alle Menschen: Nicht
sollen sie öffnen diese Grabstätte und

5. nicht suchen in ihr irgend etwas, denn nicht ist
niedergelegt in ihr irgend etwas. Und nicht sollen sie
wegnehmen den Sarg meiner Grabstätte, und nicht
mich fort-

6. tragen aus dieser Grabstätte nach einer anderen Grabstätte. Und wenn die Menschen dich beschwatzen, so
höre nicht auf sie[2]). Denn jeder Herrscher und

---

[1]) Winckler. Altorientalische Forschungen. S 67.

[2]) = hebr. בדים bedajjām. G. Hoffmann, Über einige phönikische
Inschriften. (Göttinger Ak.) 1889. S. 46.

כל־אדם אש יפתח עלת משכב ו אם אש ישא אות חלת משכבי
אם אש יעמסנ במ־

שכב ו אל יכנ לם משכב את רפאמ ואל יקבר בקבר ואל יכנ לם
בנ וזרע

תחתנמ ויסגרנמ האלנמ הקדשמ את ממלב(ת) אדר אש מׁשל בנמ לק־

צדנמ אות ממלכת אמ אדמ הא אש יפתח עלת משכב ו אם אש ישא אות

חלת ו ואת זרע ממלכת הא אמ אדממ המת אל יכנ לם שרש
למט ו־

פ־ למעל ותאר בחׁימ תחת שמש באנב נתנ נגלת כל עתי בנ מס־

כ ימנ אדרמ ירמ בנ אלמת אנב ב אנב אשמנעזר מלב צדנמ בנ

מלב תבנת מלב צדנמ בנ בנ מלב אשבגעזר מלב צדנמ ואמי אמעשתרת

כהנת עשתרת רבתנ המלבת בת מלב אשמנעזר מלב צדנמ אש בנ אות בה

אלנמ אות [בת עשתר]ת בצדנ ארצ ימ וישרנ אות עשתרת שמ בׁאדרמ ואנחנ

7. jeder Mensch, welcher öffnet die Kammer dieser Grabstätte, oder der fortnimmt den Sarg meiner Grabstatte,
oder der mich fortträgt aus dieser Grab-

8. stätte, nicht soll denen sein eine Grabstatte bei den
Schatten und nicht sollen sie begraben werden in einem
Grabe, und nicht soll ihnen sein ein Sohn oder Nach-
kommenschaft

9. nach ihnen. Und es sollen sie zu Schanden bringen die
heiligen Götter bei dem mächtigen Herrscher, welcher
über sie herrscht, dass er sie aus-

10. rotte, denjenigen Herrscher oder Menschen, welche
öffnen die Kammer dieser Grabstätte, oder welche fort-
tragen diesen

11. Sarg; und (ausrotte) die Nachkommenschaft dieses
Herrschers oder dieser Menschen. Nicht soll ihnen
sein eine Wurzel unten noch

12. Frucht oben noch Ansehen im Leben unter der Sonne.
Denn ich (wir[1]) bin dahingerafft vor meiner Zeit, ein
Kind von wenig

13. Tagen, kränklich, eine Waise, der Sohn einer Wittwe,
ich. Denn ich bin Eśmun-'azar, König der Sidonier,
Sohn

14. des Königs Tabnit, Königs der Sidonier, Enkel des
Königs Eśmun-'azar, Königs der Sidonier; und meine
Mutter ist Em-'aśtoret,

15. Priesterin der 'Aśtoret, unserer Herrin, die Königin,
Tochter des Königs Eśmun-'azar, Königs der Sidonier,
die wir gebaut haben die

16. Tempel: den Tempel der 'Aśtoret in Sidon, dem Meerlande, und wir haben 'Aśtoret dorthin gebracht[2]), indem wir (es) prächtig einrichteten. Und wir

[1]) Versehen des Steinmetzen.
[2]) Jiphil von ‏צדן‎ Winckler a. a. O. S. 67.

אש בנג בת לאשמן (¹במ|קדש ענ־ידלל בהר וישבנו שמ מאדרמ.
יאנחנ אש בנג בהמ

לאלנ צדנמ בצדנ ארצ ימ בת ג לבעל־צדנ יבת ג לעשתרת־שמ־בעל
ועד יתנ לנ אדנ מלבמ

אית דאר ויפי ארצת דגנ האדרת אש בשד שרנ למדת עצמת אש
פעלה יוספננמ

עלת גבל ארצ לבננמ לצדנמ לעלמ קנמי את בל־ממלבת יכ־־אדמ
אל יפתח ערתי

יאל יער עלתי ואל יעמסנ במשכב ; יאל ישא אית חלת משבבי למ
יסגרנמ

אלנמ הקדשמ אל ויקצנ²) הממלבת הא והאדממ המת וזרעמ לעלמ

6. Sidon 3. Cl. 4.

בירה . (³מפ|ע] בשת מ|לב]
י מלב בדעשתרת מלב
צדנמ ב בנ בדעשתרה
מלב צדנמ אית שרנ אר .
ל|א|לי לעשתרת .

---

¹) Ergänzung von Winckler.
²) l. (מ)ויקצנ?
³) vgl. 103, 6.

17. sind es, die gebaut haben einen Tempel dem Ešm un
im Heiligtum[1] der Quelle Jd ll im Gebirge und ihn
dort wohnen liessen. indem wir es prächtig machten.
Und wir sind es, die wir gebaut haben die Tempel
18. für die Götter der Sidonier in Sidon, dem Meerlande:
einen Tempel für den Ba'al-Sidon und einen Tempel
für 'Aštoret-Šem-Ba'al. Auch hat uns gegeben der
Herr der Könige

19. Dôr und Jaffa, die Getreideländer, die prächtigen. welche
liegen im Gefilde Saron. wegen einer grossen Abgabe.
welche ich leistete. Und wir haben sie hinzugefügt.

20. zu dem Gebiete des Landes, sodass sie gehören den
Sidoniern in Ewigkeit. Meine Beschwörung geht an
jeden Herrscher und jeden Menschen: Nicht sollen sie
öffnen meine Kammer[2])

21. und nicht stören meine Kammer[3]) und nicht mich
wegtragen aus dieser Grabstätte. und nicht wegtragen
den Sarg meiner Grabstätte. Damit nicht sie lassen
zu Schanden werden.

22. jene heiligen Götter und sie ausrotten, jenen Herrscher und
jene Menschen, und ihre Nachkommenschaft in Ewigkeit.

6

Im Monat m p' im Jahre des Regierungsantrittes
2. des Königs Bod-'aštoret, Königs
3. der Sidonier, war es. dass baute Bod-'aštoret.
4. König der Sidonier, den š r n des 'r ?
5. ? [4]) seiner Gottheit. der Aštoret.

---

[1]) s. Anm. zum Text.

[2]) des Grabes vgl. Zeile 7. Das Grab ist von oben zugänglich
und durch eine Platte verschlossen.

[3]) ריבי ist wol versehen für ריבי meinen Sarg oder für רבב רבב
veranlasst durch das vorhergehende ריבי.

[4]) CI.: [ש]־ש[ר] ו [ו] den š r n dieses Landes.

7. Sidon 4.

Renan in Revue d'assyriologie et d'archéologie orientale II. p. 75.

המנחת ז איש יתג עבדמסבר ר בעבר לספת

רב שני בכ בעלצדה לאדני לשלמנ יברכ

8. Ba'al-Libanon.[1]) CI. 5.

. . . ו סבנ קרתחדשת עבד חרמ מלכ צדנמ או יתנ לבעל לבננ אדני

בראשת נחשת ה . . .

. . טב סבנ קרת הדשת א[ו] יתנ [לב]על לבננ אדני . . ,

9. Tyrus 1. (Um-el-Awamid). CI. 7.

לאדנ לבעלשממ איש נדר עבדאלמ

בנ מתנ בנ עבדאלמ בנ בעלשמר

בפלג לאדב אית השער ז והדלהת

איש ל פעלת בתכלהי בנתי בשת C XX

XX XX XX לאדנ מלכמ לאדנ מלכמ C XX XX XX III שת לעמ

צר לבני לי לסבר ושמ נעמ

תחת פעמ אדני בעלשממ

לעלמ יבוכנ

---

[1]) Bruchstücke von Broncegefässen, gefunden in Larnaka (Kition)
auf Cypern. vgl. Heft I S. 17 ff.

— 13 —

7.

Diese Säule ist es, welche gestiftet hat 'Abd-Miskar für[1]) L s p t, den Ober-šnj, Sohn Ba'al-silleaḥs, seinem Herrn Šalman. Er segne.

8.

a. [Schale des] ...... w[2], Statthaltes von Ḳart-ḥadast[1]). Diener Hirams, Königs der Sidonier, welche er weihte dem Ba'al-Libanon, seinem Herrn, von den Erstlingen des Erzes ? ....

b. + c. ...... ṭ b[1]), Statthalter von Ḳart-ḥadast, welche er weihte dem Ba'al Libanon, seinem Herrn ......

9.

Dem Herrn Ba'al-šamim, Weihung des 'Abd-elim

2. Sohnes des Mettén[1]), Sohnes des 'Abd-elim, Sohnes des Ba'al-šamar
3. aus dem Bezirk von Laodicea. Dieses Tor und diese Türflügel
4. welche dazugehören[5]) habe ich errichtet. In seiner Vollendung habe ich es erbaut im Jahre 180
5. des Herrn der Könige, im 143 Jahre des Volkes
6. von Tyrus, damit es sei mir zum Gedächtnis und guten Namen
7. unter dem Fusse meines Herrn Ba'al-šamim
8. in Ewigkeit. Er segne mich.

[1]) Das ˙ ist Dittographie. ־בעל = hebr. בְּעֵל. Ist das folgende nicht zum Namen zu ziehen, sondern eine Construction ל ־בעל anzunehmen? Hebr. findet sich ähnlich ל ־בעל mit Infinitiv. Andere: ־בע ־ „der rab 'br" dem Spt.

[2]) Rest des Namens.

[3]) Kition auf Cypern. s. Schrader in Sitzungsber. Berl. Ak. 1889. S. 344.

[4]) Zur Aussprache des Namens s. Winckler, Altorient. Forsch. S 70. Marquart, Fundamente israelitischer und jüdischer Geschichte S. 27.

[5]) Clermont-Ganneau, Etudes d'archéol. orient. vol. I. p. 39 tut: איש לשער ן

10. Tyrus 2. (Um-el-Awamid). CI. 8.

למלך־עשתרת אל חמן
אש נדר עבדאשמנ על בני

11. Tyrus 3. (Um-el-Awamid). CI. 9.

. . . . . עבדמ עבדאסר בנ א . . .

12. Tyrus 3. (Ma'ṣûb).

Clermont-Ganneau in Revue archéologique 1885 p. 381–84.
G. Hoffmann, über einige phönik. Inschr. S. 20.

ערפת בברת מצא שמש יצ
פ־י אש בנ האלמ מלאב מלב־

עשתרת ועבדי בעלחמנ
יעשתרת באשרת אלחמנ
בשת XX III III לפדמים אד־
מלבמ האדר פעל נעמ בנ פח

למים וארבנאם אלנ־א[ה]
ימ שלש המשמ שח לעמ [צד]
כמ אש בנ אית כד אחדי [מק
ד־ש[מ אש בארצ לבנ למ ל]סבר

ושמ נעמ עד] עלמ

13. Tyrus 5.

Clermont-Ganneau in Revue archéologique 1886 p. 1 ff.   Annales du
Musée Guimet X p. 509 ff.   Schröder ZDMG. 39. S. 317.

. . . . ־ת עלת שמאל קצר יצא נפעל (הוף ז
. . . . בארצ צר יעד ־ בב X XX XX XX XX שבע צר מש־ ?

. . . . . [־] . . . . . אש נד־ עבד(ב)־אדנבעל השפט בנ עמלב בנ

10.

Dem Malk-'Astoret. dem Gotte von Hammon.
Weihung des 'Abd-Esmun für seinen Sohn.

11.

[Dem Gotte ..... was geweiht hat] dein Diener, 'Abd-
Osir, Sohn des '......

12.

Die grosse Säulenhalle des Ostens und die
2. nördliche(?), welche gebaut haben der Gott¹). der
   Götterbote Malk-
3. 'Astoret und seine Diener die Bürger von Hamon
4. für 'Astoret im Tempel des El-Hamôn.
5. im Jahre 26 des Ptolemaeus, des Herrn
6. der Könige, des herrlichen, εὐεργέτης, Sohnes des
   Ptolemaeus
7. und Arsinoes, des Götter-Geschwister-
8. paares, 53. Jahr des Volks [von Tyrus]
9. so wie sie gebaut haben alle übrigen
10. [Heiligtümer], welche im Lande sind, damit es ihnen
    sei zum [Gedächtnis
11. und zum guten Namen in] Ewigkeit.

13.

1. .... ??? wurde gemacht dieser z ph
2. .... im Lande Tyrus (??) ? an Silber (?)
   90 ? ? ?
3. .... Weihung deines (?) Knechtes
   Adoniba'al, des Suffeten, Sohnes 'Oz-meleks. Sohnes

---

¹) Malk-'Astoret ist der Götterbote (assyrisch sukallu) 'Astoret
der Bau wird aus seinem Schatze bestritten

.... הש|(פט) בנ בדמלקרת השפט בנ דעמלכ

.... השפ|ט בנ עזמלכ פעל אית חצי הזף ז

.... ? ..ת יתנ אית החצי הזף ז

רמלקרת.......... בנ|ג|.. ר שפט בנ|ג|רמלקרת ? .. .הדל

.... בנ ..... צאת

. ... עב|דבעל (ה)|(שפט)|

14. Tyrus 6.

Clermont-Ganneau in Comptes rendus de l'Ac. 1897 p. 347.

.... ? .בת עבדבעל רב מאת

15. Kition 1. CI. 10.

בימם III III לירח בל בשנת XX I למ|לכ פמייתנ מלכ כתי י|

א|ן אדיל יתמש בנ מלכ מלכיתנ מרכ כתי יאדיל מזבה א|ן

יארים אשמנ II אש יתנ בדא כהנ רשפחצ בנ יכנ־

שלמ בנ אשמנאדנ לאדני לרשפחצ יברכ

16. Kition 2. CI. 11.

בימם XX I III III X XX בשנת מרפא לירח I III III X XX למלכ I
פמייתנ מלכ כתן| יאדיל בנ מלכ
מלכיתנ מל|ב| כתי ואדיל |ב|מלת א|ן| אש יתנ ויטנא מנחשת יאש
אשת |בעלת|יתנ עבד־

|ר בת עשתר|ת| |בת| שמעא כ|ן| ב|עליתנ| לרבתי לעשתרת
|הש|מ|ע |קל|

17. Kition 3. CI. 12.

. בנ פמייתנ .

1. . . . . des Suffete|n, Sol nes Bod-Melkarts
des Suffeten, Sohnes Da'-meleks.

5. . . . . des Suffe|ten, Sohnes 'Oz-meleks,
welcher gemacht hat die Hälfte dies z ph

6. . . . . ? hat geschenkt die Hälfte dieses z ph

7. . . . . ? Suffeten, Sohn Ger-Melkarts,

8. . . . . ? Sohn

9. . . . . Adoni-ba'als des Suffeten.

14.

. . . . ? 'Abd-Ba'al, der Oberste der Hundert[1] (?)

15.

Am 6. Tage des Monats Bul im Jahre 21 des Königs
Pum-jatan, Königs von Kition und
2. Idi'al und Tamasos, Sohnes des Königs Melek-jatan,
Königs von Kition und Idi'al. Dieser Altar
3. und diese zwei — 2 — Löwen, sind es, welche gestiftet
hat, Bodo, Priester des Reseph-hes, Sohn des Iakun-
4. sillem, Sohnes des Esmun-adon, seinem Herrn Reseph-
hes. Er segne.

16

Am 24. des Monats M r p' im Jahre 27 (sic!) des Königs
Pum-jatan, Königs von Kition und Idi'al, Sohn des Königs
2. Melek - jatan, Königs von Kition und Idi'al. Diese
Statue ist es, welche gestiftet und errichtet hat aus
Erz Ja'as, die Gattin |Ba'al-|jatans, des Dien|ers?|
3. des Tempels der Astor|et, die Tochter Sam'ä's, Sohnes
B|a'al-jatans|, für ihre Herrin, die Astoret. |Sie er|höre
|die Stimme|.

17.

. . . Sohn Pum-jatan's . . . .

---

[1] Clermont-Ganneau: „ἐκατόνταρχος"?

18. Kition 4. CI. 13.

‫בי[מם XX לירח ובחששם בשנתי¹) II [. . . . . י'מלב מלביתנ מרב‬
‫בתי ואדיל סמלת ז אש יתנ י[‬

‫יטנא עבדאבר בנ בדא בנ יב[נשלמ על אשתי על . . . . . בת . . .‬
‫. . בנ . . . . . בנ[‬

‫בדא לרבתי לאמ האורת בשמ[ע קל תברב[‬

19. Kition 5. CI. 14.

‫בימם ? לירח . . . . .[‬
‫בשנת ? למלב פמי[יתנ[נ[‬
‫מלב בתי ו[אד[יל בנ‬
‫מל[ביתנ מל[ב[בתי [ר[‬
‫אדי[ל מנחת II אל א[ש י־[‬
‫תנ ו[יטנא עבדאל[מ[‬
‫בנ[עבדמלקרת בנ [עבד[‬
‫ר[שפ לאדני ל[רשפ[‬
‫מב[ל יב[רב[‬

20. Kition 6. CI. 15.

‫. . יתנ הננב . . .‬
‫. . . אש נדר . . לב . . .‬

21. Kition 7. CI. 16.

‫. . . . מל[ב מלביתנ . . . . . .‬

‫. . . . [ב[נ עב[ה[מרני לאדני לאשמנ מלק[רת[‬

---

¹) so statt ‫ובהששם‬ nach 105, 4 (Clermont-Ganneau am dort angef. O.

18.

Am 20. des Monats Zebah-šišim im Jahre 2 [+? des
Königs Melekjatan, Königs von Kition und Idi'al.
Diese Statue ist es, welche gestiftet und|

2. errichtet hat 'Abd-Osir Sohn Bodo's, Sohn Jek|un-
šillem's für seine Gattin N. N. Tochter N. N.'s Sohnes
N. N.'s, Sohnes|

3. Bodo's, für seine Herrin Em-ha-azurôt, weil sie er|hörte
die Stimme. Sie segne|.

19.

[Am .. des Monats.....|

2. [im Jahre .. des Königs Pum-|jat|an|

3. Königs von Kition und [Idi']al, Sohnes

4. |Mele]k-jatan's, K|önigs| von Kition |und|

5. |Idi'a|l. Diese zwei Säulen ¹) sind es. |welche geweiht

6. und| errichtet hat 'Abd-eli|m]

7. Sohn 'Abd-melkart's Sohnes ['Abd-

8. [re]šeph's, seinem Herrn dem Rešeph-

9. |Mik|al. Er segne.

20.

.... geweiht hat Hanûn-ba'al ....
... was er gelobt hat dem B[a'al ......

21.

Am .. des Monats ...... im Jahre .. Pum-jatans,
Königs von Kition und Idi'al, Sohnes des Kön|igs
Melek-jatan |, Königs von Kition und Idi'al|,

2. [dieses Gabe ist es. welche geweiht hat, N. N.| Sohn
'Abd-marnaj's, seinem Herrn Ešmun-Melkart

3. |weil er erhört hat seine Stimme. Er segne.|

¹) vgl. No. 7.

22. Kition 8. CI. 17.

.. [בשנת .. III 1 למלב מלב]יתנ

23. Kition 9. CI. 18.

... מ[לב מלבֿיתנ בֿ]לב .

24. Kition 10. CI. 19.

... מ[לב בֿתי ואד]יל] ...

25. Kition 11. CI. 20.

ואדיל .. .

26. Kition 12. CI. 21.

. בֿימֿ III III III ליֿרח .. .

27. Kition 13. CI. 22.

.. יֿתנ מל]ג[ברֿסֿימֿ ל .. .

28. Kition 14. CI. 23.

... לאדנֿי לאֿשֿמֿנ מֿל]קרֿת .. .

29. Kition 15. CI. 24.

.. אֿשֿמֿנ מֿל]קרֿת .. .

30. Kition 16. CI. 25.

.. לאדנֿי לאֿשֿמֿנ מֿל]קֿרֿת יֿבֿרֿ

31. Kition 17. CI. 26.

.... מֿלֿקֿרֿת יֿ]בֿרֿ[

32. Kition 18. CI. 27.

... מֿלֿק]רֿת יֿ]בֿרֿ[

33. Kition 19. CI. 28.

.. [לאש]מֿנ מֿלֿ]קרֿת] .. .

34. Kition 20. CI. 29.

... [ס]מֿל אֿו [אֿֿש יֿתֿנ] .. .

21

22.

.... im Jahre .. 4 des Königs Melek-[jatan

23.

..... im Jahre ... | des Königs Melek-jatan. Kö|nigs
von Kition und Idi'al ...

24.

.... Kö|nigs von Kition und Idi'|al

25.

.. König von Kition] und Idi'al ....

26.

... am 9. des Monats ....

27.

X-]jatan, der Dolmetscher (?) der Throne [seinem Herrn
Ešmun Melḳart

28.

... seinem Herrn Ešmun-Mel|ḳart ....

29.

... seinem Herrn | Ešmun-Mel|ḳart.

30.

... seinem Herrn Ešmun-Mel|ḳart. Er segne.

31.

... seinem Herrn Ešmun |-Melḳart. Er |segne|.

32.

... seinem Herrn Esmun-Mel|ḳart. Er |segne|.

33.

... seinem Herrn Eš|mun Mel|ḳart ......

34.

... Dieses ist |die St|atue, | welche geweiht hat ....

35. Kition 21. CI. 30.

. . אׁש ז ת . .

36. Kition 22. CI. 31.

. . יתנ אש

37. Kition 23. CI. 32.

. . אה‏]ב ק . .

38. Kition 24. CI. 33.

. . חת

39. Kition 25. CI. 34.

. . צלם נרב . . .

40. Kition 26. CI. 35.

. . . א בנ עבדפ‏]מי . . .

41. Kition 27. CI. 36.

. . בנ . .

42. Kition 28. CI. 37.

יתנ אׁ‏]ש . . .
אׁ‏]דני . . . ל

43. Kition 29. CI. 38.

. . . קלם

44. Kition 30. CI. 39.

. . . מ‏]לב מ‏]לבית . . .

45. Kition 31. CI. 40.

[. . . בנ . . . . . בנ . .]א בנ הפלס . [. . . . בנ‏]א
[. . .] ל לאשתי ז למ‏]לה . . . . בת . . . .]

35.

... Dieses ist |die Gab]e (?), we[lche geweiht hat ...

36.

Was geweiht hat [N. N. seinem Herrn

37.

?

38.

?

39.

?

40.

... 'Abdpuma!j Sohn '....

41.

.... Sohn ....

42.

W[as geweiht hat N. N. Sohn N. N's.]
seinem Herrn ....

43.

.... weil er erhört hat] ihre Stimme

44.

... des K]önigs Me[lek-jatan ....

45.

[Ich bin ... h ph l s (The]ophilus?), Sohn '[.....'s.
Sohnes ......'s,
welcher geweiht hat diese Stat]ue seiner Frau der
[......, der Tochter ....

46. Kition 32. CI. 41.

‏[רבמ]ל או אש יתנ יימנא מנחשת‏

‏. . . . נעמלבת א]שת . . . בנ . . . . . לאלי‏

‏[ר]בעל מרפא ב]שמע קל יברם]‏

47.* Kition 33. CI. 42.

‏לאשבנ‏

‏אדני יב‏

‏. . . . ז‏

48. Kition 34. CI. 43.

‏לאשמנ אדני נשב . . . . .‏

49. Kition 35. CI. 44.

‏המצבת או לאשמנ אדני שרדל בנ עבדמלקרת בנ רשפיתנ מלצ‏
‏הברסמ‏

50. Kition 36. CI. 45.

‏למרנם הליבי פעל ק]ס[מ [שי](ב]בה ז‏

$[\Xi\alpha]\nu\vartheta\iota o\varsigma \ [\grave{\epsilon}\kappa] \ \Lambda\upsilon\varkappa\eta\varsigma \ [\Lambda\iota]\mu\upsilon\rho\nu o\varsigma \ \grave{\epsilon}\nu\vartheta\alpha\delta\epsilon \ \varkappa\epsilon[\mu]\alpha\iota \ \grave{\alpha}\nu\eta\rho$
$[\grave{\epsilon}]\varkappa\pi\omega\mu\alpha\tau o\pi[o\iota]o\varsigma.$

51. Kition 37. CI. 46.

‏אנב עבדאסר בנ עבדססמ בנ חר מצבה‏

‏ימבחוי יטנאת על משבב נחתי לעלם ולא־‏

‏שתי לאמתעשתרת בת תאמ בנ עבדמלב‏

52. Kition 38. CI. 47.

‏לעטחד בת עבדאש־‏

---

¹) Winckler, Altorient. Forsch. S. 74.

46.

[Diese] Statue [ist es. welche geweiht und errichtet hat aus Erz]

.... Na'amalkat. die Frau N. N's. Sohnes N. N.'s [dem] Ba'al-Merpa', weil er erhört hat ihre Stimme Er segne.

47.

Dem Ešmun,
seinem Herrn, J b
z ......

48.

Dem Ešmun, seinem Herrn. N š k ....

49.

Diese Stele dem Ešmun, seinem Herrn, (hat errichtet) Š r d l Sohn 'Abd-melkarts. Sohnes Rešeph-jatan's, der Dolmetscher (?) der Throne.

50.

Limyrnos, der Lykier, der Bechermacher, (bin es) der ich hier liege.

51.

Ich 'Abd-Osir, Sohn 'Abd-susim's, Sohnes Hors, habe diese Stele
mir zu meinen Lebzeiten errichtet über der Stätte meiner Ruhe für ewig; und für meine Frau,
für Ammat-'Aštoret, die Tochter Ta'ams, Sohnes 'Abd-meleks.

52.

Athad, der Tochter, Abd-Eš-

מלקרת בנ בנהד־
ש בנ גרמלקרת ב־
נ אשמנאור

53. Kition 39. CI. 48.

לגרמלק[ר]ת בנ עבדר[שפ ב]נ עפפ

54. Kition 40. CI. 49.

[לעב]רססמ . בנ כלבאלמ . בנ [תנ . . .]

55. Kition 41. CI. 50.

לאשמנשלכ בנ עבדאם¹) בנ
גרמלכ בנ אהלמלכ

56. Kition 42. CI. 51.

[ל]שמא בת עד־
[ר]בעל המחק

57. Kition 43. CI. 52.

לכלבא בנ אשמניתנ בנ כלבא בנ ג[ר]
בנ א[ם]רב]ד[יל בנ בעלחנת

58. Kition 44. CI. 53.

[ל]עבדססמ בנ עבדחר בנ עבדמלקרת

59. Kition 45. CI. 54.

לאהלבעל . .

60. Kition 46. CI. 55.

[ל]מתפמ]י ב]ה מנ[חם]
[פ]חם

---

¹) ר vom Steinmetzer ausgelassen.

muns, des Richters, der Frau Ger-
Melkarts, Sohnes Ben-ḥod-
eš's, Sohnes Ger-Melkarts, Sohnes Ešmun-'azar's.

53.

Ger-Melka[r]t, dem Sohne 'Abd-Re[šeph's, Soh]nes des
'Aphaphs.

54.

['Ab]d-susim, dem Sohne Kelb-elims, Sohnes Tn (?) . . . .

55.

Ešmun-šillek, dem Sohne des 'Abd-Osir (?), Sohnes
Ger-meleks, Sohnes Ohel-meleks.

56.

Šammâ, der Tochter 'Aza-
[r]-ba'als, des Steinmetzen (?).

57.

Kalbâ, dem Sohne Ešmun - jatans, Sohnes Kalbâ's,
Sohnes Ge[r]s,
Sohnes O[s]ir-bdîl's, Sohnes Ba'al-ḥanats.

58.

'Abd - susim, dem Sohne 'Abd-Hor's, Sohnes 'Abd-
Melkarts

59.

Dem Ohel-Ba'al . . . . . .

60.

Mut-puma[j, der Tochter Men[achems].
? . . .

61. Kition 47. Cl. 56.

. . . אנב אי|ן|ת

62. Kition 48. Cl. 57.

המצבת או אש יטנאת אנב

[מ]נחם בנ |בנ בד[אש]מ|נ |ה |. מ . לאבי

י[עבד]שמש בנ בדאשמנ ה . מ . .

63. Kition 49. Cl. 58.

מצבת בחיו

אש יטנא עבד

דאסר לאבד

י לארכתא

64. Kition 50. Cl. 59.

מצבת בחיו לעבדאשמ

נ בנ מלכיתנ |ה|. מ|ה[לל

65. Kition 51. Cl. 60.

[מצב]ת ז אש יטנ

א אשמנצלה י

מריחי לאבנ

מ למלנסנם

מחמ . .

66. Kition 52. Cl. 61.

[מ]צבת ז אש |יט|

[נ]את מם ?

תרש|נ בנ הנא

. אלת . . .

67. Kition 53. Cl. 62.

[מצב]ת [ז] אש |יט|[נ]את

א[נב . עבד[אשמנשנ |ב .

Ich bin Ait . . . . . .

62.

Dies ist der Altar, welchen ich errichtet habe, ich
[M]enachem, Enk[el Bod]-Eśmuns, des .. meinem Vater
[Abd]-Semeś, dem Sohne Bod-Eśmuns, des

63.

Stele bei Lebzeiten,
welche errichtet hat 'Abd-
Osir seinem Vater
Archytas.

64.

Stele bei Lebzeiten für 'Abd-Eśmun,
Sohn Melek-jatans, des . . . .

65.

Diese Stele ist es, welche errichtet haben
Eśmun-şilleaḫ und
Meribi [1])
ihrem Vater Melegsenos
. . . .

66.

Dieses ist die Stele, welche ich [er-]
richtet habe, M s ?
t r ś j, Sohn [Hannos?]
.. ? ..

67.

Dieses ist die Stele, welche ich errichtet habe
i[ch, 'Abd-] Esmun, So[hn . . .

[1]) Mer-jaḫaj ?

68. Kition 54. CI. 63.

מ . . . י . . [אב]
א[ו| . . א[ש]ו
רי . [ב]נ . אשמנ[ש] . .
האשי . . מ . . .
[ו] [ב]נ[נ] הרי [ו]לש]
[מ] נעמ

69. Kition 55. CI. 64.

תארא אשת
מלכיתנ
רב חרש

70. Kition 56. CI. 65.

עמ[ר|ה]ש ב[נ] אש־
ישלה בנ עבדא

72. Kition 58. CI. 67.

חני . [ה|א]ר־
[ב] בנ עבד־
[פע]מ [ה]א
רב נסב בר־
הל

71. Kition 57. CI. 66.

ת[ה]ר ב־
ג עבד[א]
[שמ]ג:
בנ [כ]ד[א

74. Kition 60. CI. 69.

לבהנעמ
בת י[ה]ו[ב]
על . .

73. Kition 59. CI. 68.

לעבדאשמנ
בנ עבדמל[ל]קר

76. Kition 62. CI. 71.

לאשמנחל[ב]

75. Kition 61. CI. 70.

לאשמ־
נעמ

68.

. . . . . .

. . . . .

. . . . .

. . . . . .

.... zum
guten Namen.

69.

Ta'râ, Frau
Melek-jatan's,
des Zimmermeisters.

70.

'Am[t]aš. So[hn] Osir¹)-
silleah's, Sohnes 'Abdâ's.

71.   72.

Ta'a[m] Sohn   Haggai der ..
Abd-E-   .. Sohn 'Abd-
[šmu]ns,   [pa'a]ms. des ..
Sohnes [Bod]ô's.   ... der Eisengiesser (?).

73.   74.

'Abd-Ešmun,   Bat-na'am,
dem Sohne 'Abd-Melkar/s. der Tochter Je[ha]w-[ba-]
                         'als

75.   76.

Dem Ešmun-'azar   Dem Ešmun-hilles

---

¹) ? Osiris wird sonst durch צמר wiedergegeben. Ašur? vgl.
den assyrischen Gottesnamen Nergal und die mit Bel zusammengesetzten Namen in Sidon in No. 127; s. darüber Winckler Alttestamentliche Untersuchungen S. 117.

78. Kition 64. CI. 73.

לאשמנ . . . .

בנ אבע . . . .

77. Kition 63. CI. 72.

לעשתרת]ת־]

נ בנ במ . .

80. Kition 66. CI. 75.

ל . . . שפ

בת י

בת . . פ

סי ב

נ לו

79. Kition 65. CI. 74.

ר . . . . שנת?

רהעבדב

הבא . . .

ההשב

81. Kition 67. CI. 76.

לם . . . .

עור בנ ע־

83. Kition 69. CI. 78.

[ל]בעליתנ

בנ עבדמל]קרמ]

82. Kition 68. CI. 77.

. . . למלבנ]תנ] . . .

85. Kition 71. CI. 80.

לעבד] . בנ]

]ש]לה

84. Kition 70. CI. 79.

לנ . תרשפ

רש . . . . נ

87. Kition 73. CI 82.

. . נ בנ : א . . .

נא

86. Kition 72. CI. 81.

לר . . א]ר]

בנ ה]ר]

ב]ה]ח]ר]

ש ?

77.

Aštoret-ja[t͜an,
dem Sohne B m...

78.

Ešmun...,
dem Sohne 'A b...

79.

Dem ...?

....

....

.....[1])

80.

Der ....
der Tochter .....

.....

81.·

M[elḳart]-
ʿazar, dem Sohne ʿ[Abd-

.....

82.

... im Jahre ....] Melek-
  [jatan's ....[2])

83.

Baʿal-jatan, dem Sohne
  ʿAbd-Mel[ḳarts].

84. · ·

Dem . t-Rešeph

....

85.

ʿAbd ..., [dem Sohne
  .... ši]lleaḫs

86.

Dem .....
Sohne .....

....

....

87.

Dem...., dem Sohne ....

......

......

[1]) CI: רשׁב „quaestor?“
[2]) od. seiner Regierung [des Königs etc.

89. Kition 75. CI. 84.　　　　　88. Kition 74. CI. 83.

בנ ל[מ]אש　　　　　　　　. . . ב . . .

. . . . [ל]א　　　　　　　מתעשתרת ב[ת]

[ע]ל	

	90. Kition 76. CI. 85.

·	　　. . בנבב . .

91. Kition 77. CI. 86.

Vs. . . לה ירח אתנמ

בחדש ירח אתנמ

לאלנ חדש קפא II

IIII

. . . . . . לבנמ אש בנ אית בת עשתרת בת קפא

XX . . ק דל על אש לפרבמ ולאדממ

. . ק ז בימ קדשת למלכת שבנמ אש בער [מ[אר]ל

לנערמ II קפא II

לבהמ II ק[ר

. . . . למלכת חלת נער אית אמ אש II לאשמ

I . . קפא פרבמ את

III לנערמ III קפא

II לגלבמ פעלמ על מלאבת קפא

. . . מכ ב[בת ב[בנ א]אשתת פעל אש לחרשמ

. . . ק . [ו] III קר ז בימ [ל[ה]לה] ספרמ רב לעבדאשמנ

III ופא III קר לגרמ ו [ל[כלבמ]

[ו[ב XII ק[ר ז בימ לה אש . . . .

88.   89.
. . . .
Metu-ʿAštoret, Tochter   ?

90.
. . . . Sohn K b . . . .

91.
Vs. . . . . des Monats Etanim
Am ersten (Neumond) des Monats Etanim
den Göttern des Neumonds: 2 . . .
4.
5. Den Bauleuten, welche bauten den Tempel der ʿAštoret
. . x ! k p'|
Den . . . . und den Leuten, welche gesetzt sind über . .
20 k | p'|
Den Leuten (?) in der Stadt (?), welche pflegen (?)
den heiligen Dienst (?) an diesem Tage . . .
Den 2 Dienern 2 k p'
Den 2 Opferern, ein k r
10. Den 2 Männern, welche . . . . das . . . . für den Dienst (?) . . .
. . . . k p' 1 ÷ . . .
Den 3 Dienern 3 k p'
Den gelabîm, welche beschäftigt sind beim Dienste, 2 k p'
Den Steinmetzen, welche gemacht haben, die st|einer-
nen| . . . . . |im| Tempel des M k |l
ʿAbd-Ešmun, dem Verwalter der Bücher |und| Tafeln (?)
an diesem Tage: 3 k r und| x k p'|
15. Den kelabîm und den gêrim (Clienten) 3 k r und 3 p'.
. . . ., welche einnahmen[1]) an diesem Tage
x k r . . . . . .

. . . .

_____
[1]) l. לקח‎ nach Rs 72.   9*

Rs. עקב

בחדש ירח פעלת

לאלן הדש קפא II

הבעל ימם ברב שלם

ינפש בת אש לאשתת מכל וט . . .

לעבדאבסת הקרתחדשתי . . . . . .

לא[אש]ם · אש לקה מבנבם קפא . . . .

לרעמ · אש ב . . פ לבד קר II אש ב . . . . .

הַעלמה ולעלמה — II בובה . . . . .

לכלבם ולגרם קר XII ופא III

לנערם III קפא III

II א . . . . . .

92. Kition 78. CI. 87.

בד עבדאלם בנ ה . . . . .

יפעלם IIII פ XX XX CL

בד מנחם בנ בעל[ש]מע ב . . . מ

ופערמ XXII . . נ . .

93. Kition. 79.

Nöldeke in Zeitschrift für Assyriol., pag. 400.

מצבת או אש יטנא ארש רכברסרמ לאבי לפרסי

רב סרסרמ בנ ארש רב סרסרמ בנ מנחמ רב סרסרמ

בנ משל רב סרסרמ בנ פרסי רב סרסרמ ולאמי

לשמובל בת בעלרמ בנ מלכיתנ בנ עזר רב הזו(י)

ענמ על משבב נחתנמ לעלמ .

94. Idalion 1. CI. 88.

ביממ X [III III] ל[יר]ח פעלת בש[נ]ת III למלב מלכיתנ

[מלב כתי י-]

Rs........

Am ersten des Monats Pe'alot
Für die Götter des Monatsanfangs 2 k p'
Für die Tagesgottheiten[1]) beim .... Sühnopfer
5. Für die .... des Tempels, welche .... des Mikal und ....
Für Abd-'Abast aus Kart-ḥadast[2])
Für die Männer, welche genommen haben von ....x k p'...
Für die Genossen, welche .....? 2 k r welcher.....
Für die Mädchen und Sängerinnen? 2 beim Opfer.....
Für die kelabim und die gêrim 12 k r und 3 p'.
Für die 3 Diener k p'
..........2

92.

Für 'Abd-elim, den Sohn H.....
und Arbeiter 4 : p. 190
Für Menachem, Sohn Ba'al-[ša]ma's, So[hnes.....
.... und Arbeiter 22

93.

Dieses ist die Stele, welche errichtet hat 'Ariš, der
Ober-sarsar, seinem Vater Parsaj,
2. dem Ober-sarsar, dem Sohne des 'Ariš, des Ober-sarsars,
Sohnes Menachems, des Obersarsars,
3. Sohnes Mošels, des Obersarsars, Sohnes des Parsaj,
des Ober-sarsars, und seiner Mutter
4. Šem-zebûl, Tochter Ba'al-rams, Sohnes Melek-jatans,
Sohnes 'Azârs, des Ober-...
5. ... auf der Stätte ihre Ruhe für die Ewigkeit.

94.

Am 16. des Monats Pe'a[alot im Jahre 3 des Königs
Melekjatan, [Königs von Kition und

---

¹) oder den Eponymos?
²) Kition. s. S. 13. Anm. 3.

אדיך בנ בעלרמ סמל או איש יתנ ויטנא ו[הד]ט בל[ה] ר[שפ-]

יתנ בנ עזרתבעל מלצ הכרסימ לאדני למלקרת ש]מע קל]

פקד המפקד ז וה . ל . ה איש למפקד [או] איש יפ[ף]ק[ד] א[דנ]ש[מ]ש
ב[נ רשפ]יתנ]

מלצ כרסימ ופקד חת . . . . . סמלמ בת המפקד ו . . . איש
[יפק]ד

עבדפמי ועבדמלקרת אשנ בנ [אד]נשמש בנ רשפיתנ מלצ כרסימ
בשנת III III

למלב מלביתנ מלב כתי ו[אדי]ל בשמע מלקרת קלמ . יבר[מ]

95. Idalion 2. CI. 89.

[ביממ . . . . לירח . . .]. בשנת ארבע III I למלב · מלביתנ מ]לב]

[כתי ואדיל סמל] או · איש יתנ · ויטנא · אדנג · בעלר]מ]

[בנ עבדמלב לאלי]ן לרשפ · מכל · בשמע קל יברב

. . . . βασιλεϝος Μιλκιαθωνος Κετιων κα Ιδαλιων βασιλευ-
[οντος ϝετει ΙΙΙΙ ἐπαγο]μεναν τω(ν) πε(μ)παμερων νεϝοστατας τον
α(ν)δρια(ν)τα το(ν)δε κατεστασε ο ϝαναξ
[Βααλραμος] ὁ Ἀβδιμιλκων τω Ἀπολωνι τω Ἀμυκλοι ἀφ' οἱ ϝοι τας
εὐχωλας
[ἐ]πετυχε. ι(ν) τυχαι αγεθαι.

2. Idi'al, Sohnes Ba'alrams. Dieses ist die Statue, welche gestiftet und errichtet und erneuert hat gänzlich Re[seph-]

3. jatan, Sohn 'Azrat-Ba'als, Dolmetscher der Throne, seinem Herrn Melkart, der [seine Stimme] er[hörte].

4. Es hat besorgt diesen Auftrag[1]) und [die Arbeiten?], welche zu diesem Auftrag gehörten, mit dem er betraut wurde, A[doni]-še[meš,] So]hn Reseph-,jatans],

5. des Dolmetschers der Throne. Und er hat besorgt ...... Statuen in [der Ausführung?] des Auftrags, und [es haben vollendet?] was aufgetragen war,

6. 'Abd-pumaj und 'Abd-Melkart, die beiden Söhne von [Ad]oni-šemeš, Sohn Reseph-jatans, des Dolmetschers der Throne im Jahre 6

7. des Königs Melek-jatan, Königs von Kition und Idial weil erhörte Melkart ihre Stimme. Er segne sie.

95.

[Am ... des Monats ...] im Jahre vier — 4 — des Königs Melek-[jatan, Kö[nigs von Kition und Idial]. Diese [Statue ist es, welche gestiftet und errichtet hat unser Herr Ba'al-ram [Sohn 'Abd-melek's seinem Gotte] Reseph-Mikal, weil er seine Stimme erhörte. Er segne.

---

[1]) CI. מבקר porticus unter Vergleichung von Ez. 43,21 und ה[מ]לכ[ם] Treppe.

96. Idalion 3. CI. 90.

מרקע חרצ או איש יתנ מלכ מלכיתנ מלכ בתי ואדיל בנ בעלרמ לאלי

לרשפ מכל באדיל בירה בל בשנת II למלכי על בתי ואדיל בשמע

קל יברכ

97. Idalion 4. CI. 91.

סמל . או · איש . יתנ . מלכ · מלכיתנ . מלכ · בתי · ו[אדיל · בנ
בעלרמ · לאלי ך]

רשפ · מכל · נצחת · את סדי · היצאמ · ועדרנמ . . . . . .

98. Idalion 5. CI. 92.

[סמל או איש יתנ מלכ פמייתנ מלכ] בתי ואדיל בנ מלכ מלכיתנ

[מלכ בתי ואדיל לאלי לרשפ מכל בי]רח כרר בשנת שמנ III
למלכי על II III

[בתי ואדיל בשמע קל יברכ]

99. Idalion 6. CI. 93.

ביממ III III I לירח [ה]י[ר] בשנת [ח]ערכ XX X I לארנ מרכמ
פתלמים בנ פתלמי[ם] . . . . . .
איש הא שת X XX XX I III III I לאש בתי כנפדם ארכנאם
פלדלפ אמתאסר בת מ]כ] . .

96.

Dieses ist das Postament[1]) aus Stein gehauen, welches
gestiftet hat der König Melek-jatan, König von Kition
und Idi'al, Sohn Ba'al-rams, seinem Gotte
Reseph-Mikal in Idi'al, im Monat Bul im Jahre 2 seiner
Regierung über Kition und Idi'al, weil er erhörte
die Stimme. Er segne.

97.

Dieses ist die Statue, welche stiftete der König Melek-
jatan, König von Kition und Idi'al, Sohn Ba'al-rams,
seinem Gotte]
Reseph-Mikal: „Ich habe besiegt meine Widersacher (?),
die sich empört hatten, und ihre Helfer ...."

98.

[Dieses ist die Statue, welche gestiftet hat der König
Pum-jatan, König] von Kition und Idi'al, Sohn Melek-
jatans
[König von Kition und Idi'al, seinem Gotte Reseph-
Mikal im Mo]nat Krr im Jahre acht — 8 — seiner Re-
gierung über
[Kition und Idi'al, weil er erhörte die Stimme. Er segne.

99.

1. Am 7. des Monats Hjr im Jahre 31 des Herrn
   der Könige Ptolemaeus, Sohnes des Ptolemaeu[s Soter],
2. welches ist das Jahr 57 der Leute von Kition, Kane-
   phore der Arsinoe Philadelphos Amat-Osir, Tochter
   M...'s

---

¹) Die Inschrift steht auf dem betreffenden Postamente. צרפ
= hebr. רצפ, zu dessen Erklärung als Postament s. Winckler, Altorient
Forsch. Erste Reihe S. 347; zu הרצ s. oben S. 2 Anm. 1.

בן עבדססמ בן גדעת הסמלם האל איש יטנא בתשלמ בת מריחי
בן אשמנא[דן]

על בן בני על אשמנאדנ ישלמ ועבדרשפ שלשת בן מריחי בן
אשמנאדנ בן נחמי

בן גלב הנדר איש בן נדר אבנמ מריחי בחיי לאדנגמ לרשפ מכל
יברכמ

100. Idalion 7. CI. 94.

[בירח . . בשנת XX XX III III לאדנ מל־]
[כמ פתלמים איש] הא שת XX [XX X II לאש]
[בתי סמל אן] איש יתנ אשמנאדנ

בן נחמי בן אשמנאדנ בן נחמי לאלי

לרשפ מכל יברב

101. Idalion 8. CI. 95.

לענת עז הימ
ולאד(נ) מלכמ פתלמיש

3. Sohnes 'Abd-susims. Sohnes Gad'ats. Dieses sind die Denkmäler, welche errichtet hat Bat-Sallûm. Tochter M r j ḫ j's. Sohnes Ešmun-adôns

4. über ihren Enkeln, über Ešmun-adôn und Sallum und 'Abd-Rešeph,

den drei Söhnen M r j ḫ j's. Sohnes Ešmun-adôns. Sohnes N ḫ m j's

5. Sohnes Gallabs, als Gelübde, welches gelobt hatte deren Vater M r j ḫ j bei seinen Lebzeiten ihrem Herrn Rešeph-Mikal. Er segne sie.

100.

|Im Monat ... im Jahre 26 des Herrn der Könige|
[Ptolemaeus, welches ist das Jahr 5[2 der Leute]
[von Kition. Dieses ist das Denkmal,[1] welches geweiht hat Ešmun-adôn.

Sohn N ḫ m j's. Sohn Ešmun-adôns, Sohnes N ḫ m j's [2]) seinem Gotte

Rešeph-Mikal. Er segne.

101.

Der 'Anat. der Lebenskraft
und dem Herrn der Könige Ptolemaeus

---

[1]) So statt Philadelphos des Cl. s. Strack. Die Dynastie der Ptolemaeer S. 150 Anm. 2.

[2]) Genealogie der in 97 und 98 vertretenen Familie nach dem Cl:

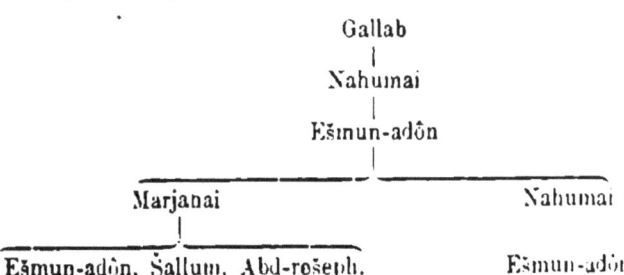

בעלשלם בן [סס]מי
יקדש [א]ת מ[ו]בה
[למ]ל נעם

Ἀθήνᾳ Σωτείρᾳ Νίκῃ
καὶ βασιλέως Πτολεμαίου
Πραξίδημος Σεσμαος τον
βω[μο]ν ἀνέθ[ηκ]εν
Ἀγα[θ]ῇ τύχῃ.

102. Idalion 9. Cl. 96.

מא . . .
. . . הנאשמן .
. . קל . יברב

103. Tamassos. 1. Euting. Sitzber. Berl. Ak. 1887. S. 117.

סמל או אש יתנ ויטנ
א . מנחמ . בנ בנחדש בנ מנ
חמ בנ ערק לאדני ל[ר]ש[ף
אליית בירה אתנמ בשנת
שלשמ X XX למלב מלביתנ . מלב
בתי ואדיל בשמע קל . יברב

τον ἀ(ν)δρια(ν)ταν το(ν) νυ ἐδωκεν
κας ανεθηκεν Μανα(σ)οης
ὁ Νωμηνιων τωι θεωι
τωι Απειλωνι τωι Ἐλει-
ται ἰ(ν) τυχαι

104. Tamassos. 2. Euting. a. a. O. S. 121.

[בי]מנ X III III I לירה פאלת בשנ
ת X III III I]II למלב מלביתנ [מלב ב
תי ואדיל [ס]מל או אש [יתנ . .
. סמל בנ [ס] מ א לאדני לרשף א
להיתם . יהראמנבא בשמע ק
רא קל יברב

ἀ(ν)δριας Πνυτω· ἐδω-
κεν Αφασωμος ὁ Σα-
μα/ος τωι Ἀπο(λ)λων τωι
Ἀλασιωται ἰ(ν) τυχαι.

hat Ba'al-šillem, Sohn Šesmaj's
geheiligt den Altar
zum guten Glück.

102.

.... mâ
..... Adôn Ešmun
.... weil er erhörte] die Stimme. Er segne.

103.

Dies (ist) die Statue, welche gestiftet und errichtet hat Menaḥem, Sohn von Ben-ḥodeš, Sohnes Mena-
ḥems Sohnes 'Ariḳs seinem Herrn |Reš eph-
'alajjot[1]) im Monate Etanim im Jahre
dreissig — 30 — des Königs Melek-jatan, Königs
von Kition und Idi'al, weil er erhörte die Stimme. Er segne.

104.

Am 17. des Monats Pe'alo[t im Jahre]
1]9 des Königs Mek-jatan, Königs von Ki-|
tion und Idi'al. Dieses ist die |St]atue, welche stiftete ...
.sml, Sohn ....'s seinem Herrn Rešeph-
alaḥjotas .... weil er erhörte den Ruf (?)
der Stimme. Er segne.

---

[1]) Wiedergabe von Alasiotas, d. i. Apollo von Alašia (Cypern)
der Tel-Amarna-Tafeln: s. Jensen in Zeitschr. Assyriol. 1896 S. 379.
vgl. Ohnefalsch-Richter in Verh. Berl. Antbrop. Ges. 1899 S. 33.

105. Narnaka (Larnax-Lapithou)

Berger in Revue d' assyriologie III. p. 69ff. Clermont-Ganneau.
Études d' archéologie orientale, tome II. pag. 159ff.

מישל נעם

הבמל זמ ש אנכ יתנבעל רב ארצ בנ נרעשתרת רב ארצ בנ עבד
? ? ???
עושתרת רב ארצ בנ עבד א[ס]ר

בנ נרעשתרת בנ שלמ פרבדמל אש יטנאת לי אבמקדש מלקרת
? ?? ??? ??
ס[ב]ר נעמ עד על[מ] לשמי

בחדש ובחששמ אש בשנת XX I לאדנ מלכמ פתלמיש בנ אדנ
מלכמ פתלמיש

אש המת לעמ לפש שנת XX X III ובהנ לאדנ מלכמ עבדעשתרת
בנ נרעשתרת

רב ארצ פרבדמל וביורח מפע אש בשנת III I לאדנ מלכמ פתלמיש
בנ אדנ מלכמ

פתלמיש אבחי אבי יטה במקדש מלקרת אית משפנ אבי בנחשת
ובירח

פעלת אש בשנת III II לאדנ מלכמ פתלמיש בנ אדנ מלכמ פתלמיש
בחי

אבי יתח ויקדשת חית שנית בנבל שד נרנכ לאדנ אש לי למלקרת

[ו]לשבת באת ההית זמ פעלת קמת זמ ומזבחת לאדנ אש לי למלקרת

105.

1. Gut Glück.

2. Diese Statue gehört mir, Jatan-Ba'al, dem Landesobersten, Sohn Ger-'Aštorets des Landesobersten, Sohnes
'Abd-'A[štorets des Landesobersten Sohnes . . . . . . r's

3. Sohnes Ger-'Aštorets, Sohnes Šallums p r k d m l, welche
ich errichtet habe für mich im Heiligtume Melkarts
z|um guten Gedächtnis für ewi|g für meinen Namen

4. am ersten (Neumond) des Zebaḥ-šišim(-Monats) des
Jahres 11 des Herrn der Könige Ptolemaeus, Sohnes
des Herrn der Könige, Ptolemaeus,

5. welche da sind für das Volk von Lapethus Jahre 33,
als Priester war für den Herrn der Könige 'Abd-
'Aštoret, Sohn Ger-'Aštorets,

6. des Landesvorstehers p r k d m l. Und im Monat M p'
der Jahre 4, des Herrn der Könige Ptolemaeus, Sohnes
des Herrn der Könige

7. Ptolemaeus, zu Lebzeiten meines Vaters habe ich gelegt im Heiligtume Melkarts den m š p n meines Vaters
aus Bronze, und im Monat

8. Pe'alot der Jahre 5 des Herrn der Könige Ptolemaeus,
Sohnes des Herrn der Könige Ptolemaeus bei Lebzeiten

9 meines Vaters habe ich geschenkt und geweiht die
frei herumschweifenden Tiere im Bereiche des Gefildes
von Narnak für den meinen Herrn Melkart

10. und ich habe zugeeignet die Einkünfte dieser Tiere
und[1]) die Opfer aus dieser Stiftung (??) und die Altäre
meinem Herrn Melkart

---

[1]) l. ; ?

עַל חַיי וְעַל חַי וְזַרְעִי יֹמֵ מֹד יֹמֵ יֹם יִלצְמֹה צֹדק בֹּלאֹפֹּתֹורֹ וֹלאֹדֹנֹי

[בֹחֹר]שֹׁם וּבְכֹסְאֹמֵ יֹרֹח מֹד יֹרֹח עֹד עֹלֹמֵ בֹּקֹדֹמֵ בֹּמֵ הֹדֹלֹה הֹנְחֹשֹׁת

[אֹשׁ בֹ]חֹבֹת יֹסֹמֹרֹת בֹּקֹר אֹשׁ בֹּ מֹנְחֹת חֹני יִפְעֹלֹת אֹנֹב עֹלֹת

. . . . . הֹיֹמֹאֹפֹבֹת בֹּבֹלֹם]פ מֹשֹׁקֹל בֹּ/בֹ/ר C ו II וַיַקֹרֹשֹׁת לאֹדֹן

[אֹשׁ לֹי לֹמֹלֹקֹרֹת פֹקֹת וְנֹעֹמֹ יֹבֹנ לֹי יֹלֹוֹרֹעֹי וִיֹסְבֹרֹן מֹלֹקֹרֹת

. . . . . נֹעֹמֹ שֹׁרֹשׁ

106. Memphis CI. 97.

עֹרֹבֹעֹל בֹּנ מֹסְבֹנ
אֹרֹבֹרֹח וֹוֹבֹקֹ[ת]
בֹּנְתֹא בֹּנ א . . . .
אֹמֹ[דֹר]נ בֹּנ אֹמֹדֹר[נ]

107. Abydos 1. CI. 97.

אֹנֹב [גֹ]רֹסֹ[בֹנ] בֹּנ רֹמֹבֹעֹל
בֹּנ הֹקֹרֹח [בֹנ] שֹׁ[פֹ]נ

108. Abydos 2. CI. 100 a und b.

עֹבֹד[¹]שֹׁמֹנ בֹּנ יֹהֹנֹ[גֹנֹד]
אֹנֹב א . . מֹנֹאֹד
קֹ . . . רֹח ה . .

---

¹) sic.

11. für mein Leben und das Leben meiner Nachkommenschaft, alltäglich, und dem gerechten (legitimen?) Spross
Kleopatra (??) und meinem He[rr]n?

12. an den Neu- und Vollmonden (?) allmonatlich[1]) für immer-
dar, wie es bestimmt ist in der Tafel (?) aus Bronze

13. [welche ich ge]schrieben und befestigt habe an der
Mauer, auf welcher steht die Darbringung meiner
Frömmigkeit. Und ich habe gemacht ausser (?)

14. ......?? aus Silber (?) im Gewichte von 102 Talenten[2])
und habe sie geweiht

15. meinem Herrn Melḳart. Heil (?) und Glück sei mir
und meinen Nachkommen, und es gedenke meiner
Melḳart

16. [mit einem] guten [Namen] ...

106.

Azar-Baʿal, Sohn Meskins,
Arakraḥ und Zebiḳa[t]
K n t t â, Sohn '.....
'm [d r] n, Sohn 'm d r [u]'s.

107.

Ich bin [G]er-so[ken], Sohn Ram-Baʿals
Sohn Ḥ ḳ r ḥ 's, Sohn Š | ph] n's.

108.

ʿAbd-Ešmun, Sohn Ja[tan]-Ga[d's.
Ich bin E[š]mun-adʿôn, Sohn ...

....

---

[1]) Die Opfer für Melkart sind täglich, die für Kleopatra und
Ptolemaeus vierzehntägig.

[2]) Clermont-Ganneau liest ⁻(ⁿ)ⁿ statt ⁿⁿ, welches natürlich
nicht das Hohlmass kor sein kann. Jedoch ist ein Gewicht von
102 Talenten (ca. 2670 kil.) Silber sehr wenig wahrscheinlich; vgl. Nr. 220

109. Abydos 3. CI. 101. Derenbourg in Revue d'assyriologie
I p. 81 ff. Nr. 25.

לגרא הש.

✓ 110. Abydos 4. CI. 102. Der. 36—38.

אנכ פעלאככת בנ צדיתנ בנ גרצד הצרי ישברבי

באנ מצרמ כפטרת בדמנקצת הואונוֹו
אנכ פ
אנכ בעלוֹ[ו]חו[נ] בנ מנקצת החגי
אנכ מגג בנ בדא ?חפצבעל מנפ

אנכ · [בעל · · · · ליכח חיר

111. Abydos 5. CI. 103. Der. 21.—22.

אנכ ברבנמת
בנ עירתבעל
אנכ מנחמ בנ בעליתנ
אנבי עבדאשמנ בנ שלמ חגתי
אנכ

112. Abydos 6. CI. 104.

אנבי צ · · · · בדא כח · · · · צמ · · · · צאנלחיתחת · · · אל
ΑΘΗΝΙΩΝΙΩΝ

113. Abydos 7. CI. 105. Der. 1.

אבקמ

114. Abydos 8. CI. 106. Der. 2. ✓

אנכ גרא בנ אבקמ
שגפ

115. Abydos 9. CI. 107. Der. 31.

אנבי בעלגד

116. Abydos. 10 CI. 108.

אנכ[ו] בדצפנ [בנ] · ·

109.

Für Gero . . . . . .

110.

Ich bin Pha'al-Abast, Sohn Ṣêd-jatans, Sohnes Gc[r]-
ṣêds, aus Tyrus, welcher wohnt in . . . . .
in On in Ägypten . . . . . . Bod-Menkaṣt aus On (?).
Ich P . . . . . .
Ich bin Ba'al-jaḫen (?), Sohn Menḳaṣts . . . . . .
Ich bin Magon, Sohn Bodo's. Ḥapheṣ-Ba'al aus
Memphis (?).
Ich bin . . . . -Ba'al (?) . . . . des Monats Ḥjr.

111.

Ich bin Berek-namat,
Sohn 'Az[rat]-Ba'als.

Ich bin Menachem, Schn Ba'al-jatans.
Ich bin 'Abd-Eśmun, Sohn Śallums . . . .
ich (?).

112.

Ich bin . . . .

113.

Abiḳâm.

114.

Ich bin Gero, Sohn Abiḳâms.
. . . . .

115.

Ich bin Ba'al-gad.

116.

Ich bin Bod-Ṣaphôn, Sohn . . . . . .

4*

117. Abydos 11. CI. 109. Der. 19.

אגב עבדאשמנ בנ ארמי הרקה

118. Abydos 12. CI. 110. Der. 3.

לאשמנ . . .

119. Abydos 13. CI. 111.

באית עבדפתח בנ יגראשמנ . . . . . . אהמם

פתחי [ועבד]אנש

120. Abydos 14. CI. 112.

עבדסבנ בנ פתיחו אש על [ד][ל]חמ[ה]

נרהבל במ(!) חלמ אש על ש . בש [ד][ל]חמה

נרהבל בנ חלמ ש ע . . לחמה ש . ב . . .

בשי במ(!) עבדפעמ אש על ש . בש . . לחמה

בשי

במ עבבפעמ

121. Abydos 15. CI. 113.

אגב אשמניתנ עלת [ה]ב . . . . ר . . . [ג]ה . . נ בפינ יעלת ער סהר

אשמניתנ] . . . . ער סהרי

122. Abydos 16. Der. 3 bis.

אגב הר בנ . בנ בששא

123. Abydos 17. Der. 4.

. . . .

בנ

ש בנ מא

עבדש

117.

Ich bin 'Abd-Eśmun, Sohn Aramis, der Gewürzhändler

118.

Für Eśmun-......

119.

..... ¹) 'Abd-ptaḥ, Sohn Jagor - Eśmuns ..... Amasis
Ptaḥai [und 'Abd-]aś.

120.

'Abd-sakôn, Sohn Pet-jeḥav's, der [gesetzt] ist über
.....
Ger- h k l, Sohn Hallams ....
Kuśai, Sohn 'Abd-pa'ams,
der [gesetzt ist] über ......

. . . .

Βασιλεος ελθοντος ες 'Ελεφαντιναν Ψαματιχου
ταυτα εγραψαν τοι συν Ψαματιχω τω Θεοκλ(ε)ους
επλεον· ηλθον δε Κερκιος κατυπερθε υις ὁ ποταμος
ανιη· αλογλωσους δ' ηχε Ποτοσιμτο Αιγυπτιος δε Αμασις
εγραφε δ' αμε 'Αρχων 'Αμοιβιχου και Πελεφος Ουδαμου

121.

Ich Eśmun-jatan bin heraufgekommen bisher (?).........?
und bin heraufgekommen nach der Stadt Soharu
Iśmun-jatan .... Stadt Soharu.

122.

Ich bin Ḥôr, Sohn. kaśgâs.

123.

[Ich bin N. N.]
Sohn ......
ś's, Sohnes M .... Sohns
'Abd-ś[emeś's].

---

¹) CI: huc venit.

124. Abydos 18. Der. 5.

ברכפעמ |ב]נ בדא

125. Abydos 19. Der. 6.

חנא בנ בדאש]מנ]

126. Abydos 20. Der. 7.

חֹעמ בנ טבֹח

127. Abydos 21. Der. 8.

אגב עב

128. Abydos 22. Der. 9.

עבֹד הא
ר

123. Abydos 23. Der. 10.

עבדמֹלקרה

130. Abydos 24. Der. 11.

אגב מֹלבבש במ
יתנ במ עגֹלפֹרֹח במ נמפֹש
חֹיפֹני

131. Abydos 25. Der. 12.

בנ עבֹדֹשמש

132. Abydos 26. Der. 13.

גֹרֹבעל אבי מתנ

133. Abydos 27. Der. 14.

עבד]א] במ עבדֹמֹלקרֹה חֹלמֹי

134. Abydos 28. Der. 15.

אגב אשמנ . בנ בנמֹלֹב

135. Abydos 29. Der. 16.

בא בנ ע)בד)בעל

136. Abydos 30. Der. 17.

במ · ארמֹי חֹלֹ

124.

Berek-pa'am Sohn Bodo's.

125.

Hanno Sohn Bod-Eš[muns].

126.

Hi'am Sohn Ṭabets.

127.

Ich bin 'Ab[d- . . . .

128.

. . . . .
. . . . .

129.

'Abd-Melḳart.

130.

Ich bin Melek-kôš Sohn . . . .
-jatans, Sohns 'Agl-pataḥ's, Sohns Nmpš's
. . . .

131.

Sohn 'Abd-šemeš's.

132.

Ger-ba'al, Vater Mettênṣ.

133.

'Abdâ Sohn 'Abd-Melḳarts, der . . . . . .

134.

Ich bin Ešmun . . . . Sohn Bo[d]-meleks.

135.

[Kal]bâ (?), Sohn 'A(bd)-ba'als.

136.

. . . Sohn Arami's, der . . .

137. Abydos 31. Der. 20.

אנכ עבדצפנ בנ עבדמלבת בנ מלקרת

138. Abydos 32. Der. 23.

אנכ עב

139. Abydos 33. Der. 24.

אנכ יהנבעל בנ בעלרמ

140. Abydos 34. Der. 26.

אנכ בנב .

141. Abydos 35. Der. 27.

דא בנ נבר המלב

142. Abydos 36. Der. 28.

ב]נ גרב]על

143. Abydos 37. Der. 29.

אנכ היתמת בת אשפ בנ היתמ

144. Abydos 38. Der. 30.

אנכ אשפ

145. Abydos 39. Der. 32.

אנכ בעלית
נ בנ מ]ג]
נ בנ . מ .

146. Abydos 40. Der. 33.

אנכ פסד ב

147. Abydos 41. Der. 34.

אנכי פסד בנ בעליתנ המצרפ

148. Abydos 42. Der. 35.

מ במ ית

149. Abydos 43. Der. 39.

אנכ עבדאבסה בנ צדיתנ

150. Abydos 44. Der. 41.

ברנתפעמ]במ] במלב במ סבנ

137.

Ich bin Abd-ṣaphôn, Sohn ʿAbd-malkats, Sohns Melḳart .....'s.

138.

Ich bin ʿAb|d- ....

139.

Ich bin Jaḫon-Baʿal, Sohn Baʿal-râms.

140.

Ich bin Bo[d]-ba|ʿâl.

141.

Bo]dô Sohn Gabbârs, der .....

142.

N. N. Soh]n Ger-b[aʿals.

143.

Ich bin Ḥiatamat, Tochter Aśaphs Sohnes Hitams.

144.

Ich bin Aśaph.

145.

Ich bin Baʿal.-jatan
Sohn Magos

146.

Ich bin Phasad So[hn ....

147.

Ich bin Phasad Sohn Baʿal-jatans. der Metallgiesser.

148.

[Ich bin ......] m, Sohn Jat[an- .....

149.

Ich bin Abdabast Sohn Ṣêd-[jatans.

150.

Birket-paʿam Sohn Bo(d)-meleks, Sohnes Sakons.

151. Abydos 45. Der. 42.

אנב מג

152. Abydos 46. Der. 43.

בנרא

153. Abydos 47. Der. 44.

אנב קדימ

154. Abydos 48. Der. 45.

אנב נרבל

155. Abydos 49. Der. 46.

אנב ל בנ בנ התברכ פתה . . קדֹמ אבקמ

כ היתֹמ במ הנֹא בֹמ היה . מ

156. Abydos 50. Der. 47.

אנב ארֹש בנ אב.

157. Abydos 51. Der. 48. ˅

אנב שלמ בנ חית . מ

158. Abydos 52. Der. 49.

אנב עבדמלקרת בנ נֹר מֹל
עאשבנ . לחית אקרא בע

159. Abydos 53. Der. 50.

אנב ׃שלמ בנ עבדססמ

160. Abydos 54. Der. 51.

אנב ׃שלמ בנ עבדססמ בנ

161. Abydos 55. Der. 51 bis.

אנב עבדהא בנ בעֹל . . ר

162. Abydos 56. Der. 52.

אנב בֹ . . ינֹר בֹנ

163. Abydos 57. Der. 53.

. קתנ .

151.

Ich bin Mag[o . . . .

152.

153.

Ich bin Ḳedajam.

154.

Ich bin Gêr-ba(ʿa)l.

155.

1. Ich bin . . . . . . 1 Sohn . . . . Sohnes Ḥatberek-ptaḥs
Sohnes Jaḳdims Sohnes Abiḳams

2. Ich bi]n Ḥitam Sohn Hannos: Sohnes Ḥitams (?).

156.

Ich bin Arîš Sohn Ak . . . .

157.

Ich bin Šallum Sohn . . . . . .?

158.

Ich bin ʿAbd-Melḳart Sohn Gêr-Mel[ḳarts
. . . Sohn (?) . . . . . .?

159.

Ich bin Šallum Sohn ʿAbd-sasams.

160.

Ich bin Šallum Sohn ʿAbd-sasams Sohnes . . .

161.

Ich bin ʿAbd-? Sohn Bäʿal-[ʿaza]rs.

162.

Ich bin . . . . . . Sohn . . . .

163.

164. Abydos 58. Der. 54.

אנב עב|ד . . . .

בנ לג . . . . .

165. Abydos 59. Der. 55.

עבדא ב|ן| מלב

166. Abydos 60. Der. 56.

אנב . ת . רם בנ א . . . . בנ . . . .

בנ תרחא

167. Abydos 61. Der. 57.

אלב אמתרם

168. Abydos 62. Der. 58.

ברבת ווו

169. Abydos 63. Der. 59.

ברבתנמת

בנבנ מ

לבי . נ .

170. Abydos 64. Der. 60.

בנ . לב .

171. Abydos 65. Der. 60 bis.

אנב בדא בנ

מלבי

172. Delos CI. 114.

|בשנת| . . . |ללמלבן| מלב עבדעושתרת| מלב |צדנמ| . . . . . .

. . . . Τυρου και Σιδωνος . . . .

. . . . εικ]ονας οι εκ Τυρου ιεροναυται

. . . . . 'Απολλωνι ανεθηκαν.

173. Athen 1. CI. 115.

אנב שמ בנ עבדעשתרת אשקלני

איש |ה|טנאה אנב דעמצלח בנ דעמהנא צדני

Αντιπατρος 'Αφροδισιου 'Ασκαλ[ωνιτης]

Δομσαλως Δομανω Σιδωνιος ανεθηκε.

164.

Ich bin 'Ab[d ......
Sohn Tg ...

165.

'Abdâ Sohn Melek-[jatans].

166.

Ich bin [Me|ttê[n]-Râm Sohn .... Sohnes .....
Sohnes .....

167.

Ich bin Amat-râm.

168.

Birket- ...

169.

Birket-namet
Enkel Me-
lek-[j[ata]ns.

170.

... Sohn [Me|lek-[jatans.

171.

Ich bin Bodô Sohn
Melekja'tans.

172.

[Im Jahre ..... der] Regierung des Königs 'Abd-
[Aštoret], Königs der [Sidonier .....

173.

Ich bin Šem, Sohn 'Abd-'Aštorets, aus Askalon.
Was ich errichtet habe, ich, Da'am-ṣilleaḥ, Sohn Da'am-
ḥanâ's, aus Sidon.

174. Athen 2. CI. 116.

מצבת סבר בחיי לעבדתנת בנ
עבדשמש הצדני

'Αρτεμιδωρος
'Ηλιοδωρου
Σιδωνιος.

175. Athen 3. CI. 117.

לבנחדש בנ עבדמלקרת
בנ עבדשמש בנ תגנצ איש כתי

Νουμηνιος
Κιτιευ[ς].

176. Athen 4. CI. 118.

מצבה ז איש ינח בנחדש בנ בעליתנ הֿשפט . בנ עבדאשמנ החתם
לאסכנאדר . יברכ

177. Athen 5. CI. 119.

אנכ אספה בת אשמנשלמ צדנת . איש יטנא לי
יתנבל בנ אשמנצדה רבבהנמ אלמ נרגל

'Ασεπτ 'Εσμουσελημου Σιδωνια

178. Athen 6. CI. 120.

הרגא בעלת בוכתי

'Εργιη, Βυζαντια

179. Athen 7. Cl. 121.

עבדאשמנ בנ ש שלמ בנ עבﬔײַאשﬥﬨ . . . .

174.

Denksäule zum Gedächtnis bei Lebzeiten[1] für Abd-
Tanit, Sohn von 'Abd-Semes, dem Sidonier.

175.

Für Ben-hodes, Sohn 'Abd-Melkarts,
Sohn von 'Abd-Semes, Sohn von Tagnes, aus Kition.

176.

Dieses ist der Altar, welchen gesetzt hat Ben-hodes,
Sohn Ba'al-jatans, der Richter. Sohn 'Abd-Esmuns, des
Siegelbewahrers für Iskun-Adar.[2] Er segne.

177.

Ich bin Asept, Tochter Esmun-sillems, die Sidonierin.
Was errichtet hat für sie[3]
Jatan-Bel, Sohn Esmun-silleahs, der Oberpriester des
Gottes Nergal.[4]

178.

Herene, Bürgerin von Byzanz.

179.

'Abd-Esmun. Sohn Sallums, Sohn 'Ab[d-Esmuns . . . .

---

[1] CI: inter vivos: gemeint ist: bei Lebzeiten errichtet, nicht
nach dem Tode.

[2] Zum assyrischen Namen vgl. Anm. zu No. 68 S. 31.

[3] CI: für mich. Bei unserer Auffassung steht das Masculinum
statt des Femininums.

[4] vgl. Anm. 2.

180. Athen 8.

Revue archéol. Ser. III, Tom II, pag. 5. Hoffman, einige
phönikische Inschriften, S 1.

ביס IIII למרוה בשת X IIII I לעמ צדנ יסו בד צדנמ בנ אספת
לעטר

אית שמעבעל בנ מגנ איש נשא הגו על בתאלמ יעל מבנת חצר בתאלמ

עטרת חרצ בדרבנמ XX למחת כ בנ אית חצר בתאלמ ופעל אית כל

אש עלתי משרת אית דעה ז לכתב האדממ אש נשאמ לנ על בה

אלמ עלה מצבה חרצ ויטנאי בערפת בתאלמ עג איש לבנת נו

ערב עלת מצבה ז ישאג בבסף אלמ בעלצדנ דרבמנמ XX למחת

לבנ ידע חצדנמ בידע הנו לשלמ חלפת אית אדממ איש פעל

משרה את פנ גו

181. Malta 1. CI. 122.

לאדננ למלקרת בעל צר איש נדר
עבדב עבדאסר ואחי אסרשמר
שנ בנ אסרשמר בנ עבדאסר כ שמע קלמ יברכמ

Διονυσιος και Σαραπιων οἱ
Σαραπιωνος Τυριοι
Ἡρακλει ἀρχηγετει.

180.

Am 4. Mrzh im Jahre 15 des Volkes von Sidon,
kam zu stande der Beschluss der Sidonier in der Ver-
sammlung zu kränzen
Šama'-Ba'al, Sohn Magons, welchen gesetzt hatte das
Volk über den Tempel und über den Bau des Vor-
hofes des Tempels.
mit einem goldenen Kranz von[1] 20 Dareiken vollgewichtig (?), weil er gebaut hat den Vorhof des
Tempels und gethan hat alles.
was ihm oblag an Dienst, (und beschloss) dass diese
Verfügung schreiben sollten die Männer, welche gesetzt
sind uns über den Tempel,
auf eine gemeisselte[2] Stele und dass sie sie aufstellen
sollen in der Säulenhalle des Tempels vor den Augen
der Leute, damit das Volk sei?
Zeuge. Zu dieser Stele sollen sie erheben vom Gelde
des Gottes Ba'al-Sidon 20 Drachmen vollgewichtig (?).
damit wissen die Sidonier, dass versteht das Volk zu
belohnen die Leute, welche leisten
Dienste dem Volke.

181.

Unserem Herrn Melḳart, dem Herrn von Tyrus, Weihung
deines [3] Dieners 'Abd-Osir und seines Bruders Osir-šamar,
der beiden Söhne des Osir-šamar, Sohnes des 'Abd-Osir,
weil er erhört hat ihre Stimme. Er segne sie.

---

[1] entsprechend griech. ἀπὸ s. Winckler, Altor. Forsch. S. 66. II. S. 92.
[2] s. S. 2 Anm. 1.
[3] Der stereotype Wechsel von 2. und 3. Person in solchen
Weihungen und Beschwörungen (vgl. die Inschriften von Nêrab): Wer

182. Malta 2. CI. 123.

b.	a.
‑נצב מלכ	‑נצב מלכ
‑אסר אש ש	‑בעל אש ש
מ נה]ם לבעל[	‑מ נחם לב
]המנ[ארנ	‑עלהמנ א
ובשמע קלו[	רנ ב שמע
]רבורי[	קל רברי

183. Malta 3. CI. 124.

חדר בת עלם קבר נפעל
נקי בבלתי I ירה
מרפאם בשת חנב‑
על בנ בדמלכ

184. Malta 4. CI. 131.

. . . שפ . . . . . . ם
בנ שלם בנ ש

185. Gaulus (Gozzo) 1. CI. 132.

]ואית[. . . . . פעל וחדש עם גול אית שלט

]ואית[. . . . . . מקדש בת צדמבעל ואית מוקדש

]ש[מקד . . . . . . מקדש בת עשתרת ואית ואית

. . . . בעת ר אדר ערבת ארש בנ יאל

182.

a.	b.

a.

Denksäule Melek-
Ba'als, welche gesetzt
hat Nahum, dem Ba'al-
Hamon, dem
Herrn, weil er erhört hat
die Stimme seiner Rede.

b.

Denksäule Melek-
Osirs, welche gesetzt hat
Nahu[m dem Ba'al-
[Hamon, dem Herrn,
[weil er erhört hat die
Stimme]
seiner W[orte]

183.

Kammer des Hauses der Ewigkeit; Grab, ausgeführt
ist seine Reinigung bei seiner Vollendung (am) 1. des
Monats Merpa'im im Jahre Hannibals,
Sohnes Bod-meleks.

184.

. . . .
Sohn Šallums, Sohnes Š . . . . . .

185.

Es hat erbaut und erneuert das Volk von Gawl die
drei (?) . . . . [und das]
Heiligtum des Tempels des Sadam-Ba'al und das
Hei[ligtum . . . . und das]
Heiligtum des Tempels der 'Astoret und das Heilig-
tu[m . . . .
zur Zeit, (unseres He)rrn[1]) des Schatzmeisters 'Ariš
Sohn Ja'als . . . . [Sohnes]

---

d u auch seist, welcher .... (Verbum in der 3. sg.) ist bereits althaby-
lonisch und erklärt sich daher wohl wie auch vieles Alttestamentliche
als directe Stilbeeinflussung: z. B. Ur-gur, dem tapfern Helden. König
von Ur, (hat gewidmet) Hašhamir patesi von Iskun-Sin, dein Diener
(cri--zu). Keilinschr. Bibliothek III[1] S. 81.
¹) ⊐ Abkürzung von ⊐⊐⊐.

שפט בנ ובקמ בנ עבדאשמנ בנ יאל[ר] . . . . .

ובה בעלשלב בנ חנא בנ עבדאשמנ[ו] . . . . .

בלא בנ בדמ בנ יעז שמר מחצב (י') . . . בשנת . . . . . ה[ר]

עמ גיל

186. Panormus 1. CI. 133.

ש ערבעל בנ מהלה

187. Panormus 2. CI. 134.

אחיי אקל בנ יתא וצי . א

188. Eryx 1. CI. 135. [2])

לרבת לעשתרת ארב חימ . . . ז אש . . . י . . . . . ב . . . . .'

שבנ אש . . . . על . . . . בת . . . . .

אש . . . . על . . . . שבנ אש . . . . .

. . על פנ . . . אש . . . המלב בנ בעדי[ת]נ[ו]

בנ . . בנ . . בנ . . . בנ . . . . .

שפטמ מגנ ועבדעשתרת ו . . . . .' . . . .

. . . בתחמ . . . .

. . . . . . ב שמע קל[א יברכא]

189. Motaja 1. CI. 137.

קבר מחד

ר היצר

190. Lilybaeum 1. CI. 138.

לאדנ לבעלחמנ אש נדר חנא בנ

אדנבעל בנ גרעשתרת בנ אדנבעל

ב שמע קלא יברכא

---

¹) CI.: יאל, .

²) Vgl. auch Meyer Lambert in Revue sémitique I, p. 377.

Šaphaṭs[1]), Sohnes Zibaḳams, Sohnes Abd-Ešmuns, Sohnes
Ja'als [und (zur Zeit) N. N's]
des Opfer[meister]s des Ba'al-Šillek, Sohnes Hannos,
Sohnes 'Abd-Ešmuns, ... [Sohns]
Belâ's Sohnes Kalams Sohnes Ja'zors, des Wärters
der .....[2).........[3)].....
des Volkes von Gawl.

186.
Gehörig 'Azar-Ba'al dem Sohne Mesilleaḥs.

187.
?

188.
Der Herrin 'Aštoret vom Eryx ?[4)].... dieses, des ..
....
....
....
....
der Richter Magon und Bod-'Aštoret ....
....
.... weil sie gehört hat seine Stim[me. Sie segne
ihn].

189.
Grab Mators
des Töpfers. ·

190.
Dem Herrn Ba'al-Hamon. Weihung Hannos. Sohnes
Adoni-Ba'als Sohnes Ger-'Aštorets Sohnes Adoni-Ba'als
weil er gehört hat seine Stimme. Er segne ihn.

[1]) oder .... Sohnes N. N's, des Richters?
[2]) CI: מצבח lapicido, cf. hebr. מצבים.
[3]) CI: [im Jahre .....] des Volkes von Gawlos.
[4]. CI: ארך הימים langlebig, vgl. jedoch No. 192.

191. Caralis 1. CI. 139.

לאדן לבעשממ באי נצם נצבמ II אש נדר בע שנמ שנם[להנו](ה)להנ

להנא ש בדמלקרת בנ חנא בנ אשמנעמם בנ מהרבעל

בנ ארש

192. Caralis 2. CI. 140.

לעשתרת ארב מזבה נחלשה ז אש נדר . .

. . . . נ . . ה . . . שר . . . . לב . . .

193. Caralis 3. CI. 141.

אש נ[דרו] שב . . .

194. Pauli Gerei (60 Kilometer von Cagliari). CI. 143.

לאדן לאשמנ מארה מזבה נחשת משקל לטרמ מאת C אש נדר
אבלינ שחסנמ אש בממלהת שמע

ק[לוא רפיא בשת שפטמ המלכת ועבדאשמנ בנ המלכ

Cleon salari(us) soc(iorum) s(ervus) Aescolapio Merre donum dedit
lubens merito merente.

Ἀσκληπιῷ Μηρρη ἀνάθεμα βωμον ἐστησε Κλεων ὁ ἐπι των ἁλων κατα
προσταγμα.

191.

Dem Herrn Ba'a(l)-šamim von der Habichtsinsel[1]), die Denksäulen und die beiden ...., Weihgeschenke von Ba'al-

Hanno dem (Sohne) Bod-Melḳarts, Sohnes Hannos Sohnes des Ešmun-'amas, Sohnes Mahar-ba'als Sohnes des 'Ataš.

192.

Der Aštoret vom Eryx, [dieser] Altar aus E[rz, Weih-geschenk des ......

....

193.

Weihgeschenk Š k ......

194.

Dem Herrn Ešmun Mearriḫ[2]), ein Altar aus Erz, im Gewichte von hundert —100 — Pfund[3]), Weihung Kleons, des (Sohnes[4]) des) H s g m, welcher in den Salinen ist. Er hörte

seine Stimme, heilte ihn. Im Jahre der Richter Himilkat und 'Abd-Ešmun, des Sohnes Himeleks.

---

[1]) Ἱεράκων νῆσος bei Ptolemaeus, bei Plinius Enosim, jetzt San Pietro.

[2]) ה steht für ‏ח‎ wie in ‏שעלל‎ statt ‏שעלה‎ No. 185. 205. Partic. piel: welcher lang macht sc. das Leben; ein passender Beiname für Ešmun.

[3]) CI: ‏לטרן‎ griech. λίτρα.

[4]) vgl. No. 191.

195. Nora 1. CI. 144.

מצֿ־

בֿת רֿשֿ שֿ־

נגֿד שֿהֿא

בֿשֿרֿדֿנֿ שֿ־

לֿמֿה אֿשֿ לֿ־

נצֿבֿא מֿ־

לֿכֿתֿנֿ בֿנֿ רֿ־

שֿ בֿנֿ נגֿד

לֿפֿמֿי

196. Nora 2. CI. 145.

. . . . . אֿרֿהֿעֿ . . . . .

. . . . נֿבֿ . בֿעֿלֿ · . . . .

. . . . . .

197. Sulci 1. CI. 147.

|נֿ|צֿבֿ מֿלֿכֿבֿ־

|עֿ|לֿ אֿ|ו| לֿאֿרֿ־

נ לֿבֿעֿלֿחֿמֿ|נֿ|

|אֿ|שֿ יֿתֿנֿ׳ אֿ|רֿ|

שֿ בֿנֿ לֿכֿא

בֿנֿ אֿלֿעֿמֿ

בֿשֿמֿע קֿלֿ

|וֿבֿרֿכֿ|נֿ

198. Sulci 2. CI. 148.

|נֿ|דֿ־ בֿעֿלֿיֿתֿנֿ בֿנֿ . . . .

199. Sulci 3. (Sant-Antioco). Neupunisch. CI. 149.

|לֿהֿ|מֿלֿכֿתֿ בֿנֿ אֿרֿנֿבֿעֿל בֿנֿ הֿמֿלֿכֿתֿ

הֿפֿרֿט עֿל מֿי טֿבֿאֿרֿשֿא הֿ|שֿ|לֿבֿ|יֿ|

לֿבֿנֿאֿת ת הֿמֿקֿדֿשֿ |וֿ|ת לֿהֿרֿבֿת לֿאֿלֿת

195.

Denk-
säule des Ros (Sohnes) des
Nôged. welcher stammt
aus[1]) Sardinien. Es hat
ausgeführt das, was zu
ihrer Errichtung gehört. Me-
lek-(ja)tan. Sohn des Ros
Sohnes Nôgeds
aus Lipis.

196.

......

197.

Denk]säule Melek-Ba-
['a]ls, diese, für den Herrn
Ba'al-Hamôn,
Weihung des A[ri]s
Sohnes des Labô
Sohnes des El-'am,
weil er gehört hat die Stimme
[seiner Wor]te.

198.

[Ge]lübde Ba'aljatans Sohnes ....

199.

Himilco, dem Sohne Adoni-Ba'als, des Sohnes Himilcos
welcher ausführte (?) nach Beschluss (?) des Senates (?)
von [S]ulci
zu bauen dieses Heiligtum der Herrin Elat.

---

[1]) S. z. Bedeutung der Praep. ⸗ das S. 65. Anm. 1 angeführte.

טינא ת המאיש [ו]ח בנא חמלבת

HIMILCONI · IDNIBALIS · / //// /
QVEI · HANC · AEDEM · EX · S · C · FAC [iundam]
COERAVIT · HIMILCO · F · STATVAM [dedit]

200. Sulci 4. neupunisch. CI. 150.

רפ א ברב בנ צדק

201. Sulci 5. CI. 151. neupunisch.

לפלבש בהרהצ

פעל ת המאאא¹) זת פחל[י]א

[א]גבר אתמא בנ מקרא

לבנ לא ילאממ בענא

בעב[נד] אהמת למת[חב]חד־

נמ תפרצ עלחתמ לא

202. Sulci 6. CI. 152.

טענא

לעבדמלקרת בנ עבדמלקרת [בנ]

עבדמלקרת [ב]נ בדא

[ב]נ אחשבנ טענא

[ו]ה טניא לא שלש[ה] בנא]

[עב]דמלקרת ומגנ וע . . .

אש . . . נא ח . .

הנעמא ת . ה . .

203. Tharrus 1. CI. 153.

מסב למגנ בנ הנבעל

204. Tharrus 2. CI. 154.

בדאשמנ בנ

פתחא בנ

מהרבעל

הספר

---

¹) Ich lese מַאיש und verbinde das letzte א mit dem folgenden זת.

Es hat ihm errichtet diese Statue sein Sohn Hmmilco.

200.

.... x¦-barak, Sohn Saddiks.

201.

Für Felix, den ......¹)
hat gemacht diese Denksäule ......
......'A t m ô Sohn M k r â's
damit es sei ihm und ihrer Mutter
....
.... ihm.

202.

Errichtet ist di|eser ....

Für 'Abd-Melkart Sohn 'Abd-Melkarts |Sohnes|
'Abd-Melkarts, [Soh¦nes Bod-E[šmuns|
[Soh]nes Ahšabans ist errichtet dieser ....
Errichtet haben ihn für ihn [seine] drei [Söhne]
'Abd-Melkart und Magon und 'A¦bd-...
........¦.......
glückbringend ....

203.

.... gehörig Magon, Sohn Hannibals.

204.

Bod-Ešmun Sohn
Ptahç's Sohnes
Mahar-Ba'als,
der Schreiber.

---

¹) ב Abkürzung von כהן, הן = רבת: „dem Priester der
Herrin Hṣ..?

205. Tharrus 3. CI. 155.

[עבדמל]
ק[רת] בנ
בעלשלב
בנ הנבעל
הברמי

206. Tharrus 4. CI. 156.

קבר
אר . . בנ
עבד אש
בנ

207. Tharrus 5. CI. 157.

אדרבעל ב־
נ יהנבעל
בנ עבדא

208. Tharrus 6. CI. 158.

קבר בעל־
אובל אש־
ת אורבע־
ל בנ מקמ

209. Tharrus 7. CI. 159.

מנצבה
בתם בנ
ישבעל

210. Tharrus 8. CI. 160.

הנ

211. Tharrus 9. CI. 162.

. . בסאנ . .

212. Praeneste. CI. 164. (Bronceschaale).

אשמנער בנ עשתא

(Sinnlose hieroglyphische Legende).

205.

'Abd-Mel-
ḳa rt¹), Sohn
Ba'al-Sillek ¹)'s, Sohn
Hannibals
aus Charmis. ²)

206.

Grab des
Ar(îs] Sohnes
'Abd-Eš-
muns.

207.

Adar-Ba'al. Sohn
jatan-Ba'als
Sohnes Abdö's

208.

Grab Ba'al-
ê-zebul, der Gattin
Azar-Ba'als
Sohnes Meḳîms.

209.

Denksäule
Ketams Sohnes
Ješ-Ba'als.

210.

211.

212.

Ešmun-ja'ad Sohn 'Aštö's.

¹) s. zu No. 191 und 194.
²) CI: Χαρμις πολις εν Σαρδοι κτισμα Καρχηδονιων. Steph. Byz

213. Massilia CI. 165.

בת בעל[צפן] בע[ת המש]ארת אש שנ[א האשמ אש על המשא[רת
ע]ר [ר. חלצ]בעל השפט בנ בדתנת בנ בד[אשמנ יהלצבעל]

השפט בנ בדאשמנ בנ חלצבעל וה[כרנמ]

באלפ בלל אמ צועה אמ שלמ בלל לכהנמ כספ עשרת X באחד
יכבלל יכנ למ עלת פנ המשאת ז ש[אר משקל שלשת
מאת III C]

יבצעה קצרת ייצלת וכנ העירת והשלבמ והפעממ ואחרי השאר
לבעל חזבח

בעגל אש קרני ימ במחסר באטימטא אמ באיל בלל אמ צ[עת]
אמ שלמ בלל לכהנמ כספ חמשת II[III באחד ובבלל יכנ
למ על]

ת פנ המשאת ז משקל מאת וחמשמ C XX XX X יבצעת קצרת
ייצלת יכנ העירת והשלבמ יהפע[ממ ואחרי השאר לבעל
חזבח]

ביבל אמ בעו בלל אמ צועה אמ שלמ בלל לכהנמ כספ שקל I ור
II באחד יבציעה יכ]נ למ עלת פנ המשאת ז קצרת]

ויצלת וכנ העירת יהשלבמ והפעממ יאחרי השאר לבעל חזבח

באמר אמ בגדא אמ בצרב איל בלל אמ צעת אמ שלמ אמ כל]ל לכהנמ
כספ רבע שלשת זר]II באחד יבציעה יכנ למ על]

213.

1. Tempel des Ba'al-[ṣaphôn]. Tari[f der Abg]aben, welchen aufgeste[llt haben die Männer, welche gesetzt sind über die Abga]ben. Zur Zeit [der Herren Hilleṣ-]Ba'al, des Suffeten, Sohnes Bod-Tanits Sohnes Bod-[Ešmuns und Hilleṣ-Ba'als],

2. des Suffeten, Sohnes Bod-Ešmuns Sohnes Hilleṣ-Ba'als und ihrer Gefährten (= des Collegiums).

3. Vom Rind: Vollopfer oder Bittopfer oder Sühnvollopfer: für die Priester Silber(šeḳel) zehn — 10 — für eins und beim Vollopfer soll ihnen gehören ausser dieser Abgabe vom F[leische ein Gewicht von dreihundert — 300 —

4. und beim Bittopfer die ḳṣrôt und jṣlôt; es gehören aber die Haut und die Eingeweide und die Füsse und der Rest des Fleisches dem Opfernden.

5. Vom Kalb, welches Hörner hat, vom m ḫ s r, vom 't w m ṭ', oder vom Widder: Vollopfer oder Bittopfer oder Sühnvollopfer: für die Priester Silber fünf — [5 — für eins; und beim Vollopfer soll ihnen gehören ausser]

6. dieser Abgabe vom Fleische ein Gewicht von hundert und fünfzig — 150 —; und beim Bittopfer die ḳṣrôt und jṣlôt; es gehören aber die Haut und die Eingeweide und die Fü[sse und der Rest des Fleisches dem Opfernden.]

7 Vom Bock oder der Ziege: Vollopfer oder Bittopfer oder Sühnvollopfer: für die Priester Silber ein Šeḳel — 1 — z r 2 für eins; und beim Bittopfer soll gehör[en ihnen ausser dieser Abgabe die ḳṣrôt

8. und jṣlôt; es gehören aber das Fell und die Eingeweide und die Füsse dem Opfernden.

9. Vom Schafe oder vom Lamm oder vom Bocklamm(?): Vollopfer oder Bittopfer oder Sühnvollopfer: für die

[ה] פנ המשאת ו קצרת ויצלת ובנ העירת והשלבמ והפעממו יאחרי
השאר לבע]ל הובח[

[בצ]פר אגנו אמ צצ שרמ בה]ל[אמ שצפ אמ חות לבהנמ בסף
רבע שלשת זר II באחד ובנ הש]אר לבעל הובח[

[ועל צפר אמ קדמת קדשת אמ ובה צד אמ זבה שמנ לבהנמ בסף
א]נרת[X לבאחד ו . . . .

[ב]בל צועת אש יעמס פנת אלמ יבנ לבהנמ קצרת ייצלת ז]ב[ציעה
. . . .

[ע]ד בלל ועל הלב ועל חלב ועל בל ובה אש אדמ לובה במנח]ת[
י]בנ לבהנמ[. . . . .

בבל ובה אש יובה דל מקנא אמ דל צפר בל יבנ לבהנ]מ מנמ[

בל מורח ובל שפח יבל מרוח אלמ ובל אדממ אש יובה . . . . . .
]ויהנ[. . . . .

האדממ המת משאת על ובה אהד במדת שת בבתב]ה . . . . . .
. . . . . .

[ב]ל משאת אש איבל שת בפס ו ונתנ לפי הבתבת אש]בתב . . .
. . האשמ אש על המשאתת עה ר. חלצבעל בנ ברתנ]

Priester Silber drei viertel z r [2 für eins; und beim
Bittopfer sollen gehören ihnen ausser]

10. dieser Abgabe die ķsrôt und jslôt: es aber gehören
das Fell und die Eingeweide und die Füsse und der
Rest des Flei[sches dem Opfernden.]

11. [Vom V]ogel, dem zahmen oder wilden: Sühnvollopfer
oder Weissagungsopfer oder Schauopfer: für die Priester
Silber drei viertel z r 2 für eins; es gehört aber das
Fl,eisch dem Opfernden].

12. Für den Vogel, sei es Erstlingsheiligung oder Jagdopfer
oder Mastopfer: für die Priester an Silber 'agerôt 10 für
jedes einzelne und [es gehört das Fleisch dem Opfernden].

13. Von jedem Bittopfer, welches man bringt vor die
Götter, sollen gehören den Priestern die ķsrôt und
jslôt, und vom Bittopfer . . . .

14. Für Teig¹) und für Milch [uud für Milch²)] und für
jedes Opfer, welches irgend jemand opfert als minḫâ
soll [zukommen den Priestern . . . .

15. Für jedes Opfer, welches ein Mann opfert, der arm
an Vieh oder arm an Geflügel ist, soll nicht zukommen
den Priester[n irgend etwas].

16. Jeder eingeborene und jeder Schutzbürger und jeder
Götterschützling (Asylschützling) und jedermaun, der
opfert . . . . [es sollen zahlen]

17. alle diese Leute den Tarif für je ein Opfer nach Massgabe des festgesetzten in den Schriften.

18 Jede Abgabe, welche nicht festgesetzt ist in dieser
Tafel, soll man geben gemäss der Urkunde. welche
[aufgezeichnet haben . . . . die Männer, welche gesetzt waren über die Abgaben zur Zeit unserer

¹) Mehl mit Öl angerührt.

²) Dittographie, nach Andern einmal = Milch, das andere Mal
= Fett.

ת והלצבעל בנ בדאשמנ יהברנמ

כל כהנ אש יקח משאת בדצ לאש שת בפם ז ונענ[ש] . .

. . . .

[ב]ל בעג זבה אש איבל יתנ את ב[ל אש] [ע]ל המשאת אש . .

214. Avignon.

Mayer-Lambert im Journal Asiat. Sér. IX Tom.
10 pag. 485 ff.: Berger, Comptes rendus de l'Ac. 1897,
p. 672.

קבר זיבקת הבהנת לרבת אלמ הא ב]ה

עבדאשמנ בנ בעליתנ בנ עבדאשמנ אשת

בעלהנא מקמ אלמ בנ עבדמלקרת בנ

המלבת בנ עבדאשמנ אבל לפתה

215. Karthago 1. CI. 166.
rechte Reihe (1 oder 2?).

. . . .

[ל] . . . . .
[בל]ל . . . . .
קדמת . . . . .
[ת]ד לסוית עלת . . . . .
אש כנ יא ומח . . . . .
[ב]וצ ימכסא תח . . . .

Herren Ḥilles-Baʿal, Sohn Bod-Taniʾ]s

19. und Ḥilles-Baʿal, Sohn Bod-Ešmuns und ihrer Gefährten

20. Jeder Priester, welcher nimmt eine Abgabe ausser dem, was festgesetzt ist in dieser Tafel, soll gebüsst werden . . . .

21. Jeder Opfernde, welcher nicht giebt al[les, was steht a]uf dem Tarif, welcher . . . .

214.

Grab der Zaibḳat, der Priesterin der Herrin der Götter . . ., der Toch[ter]
ʿAbd-Ešmuns, Sohnes Baʾal-jatans, Sohnes ʿAbd-Ešmuns, der Gattin
Baʿal-hannos, des (Beamten) der Götter, Sohnes ʿAbd-Melḳarts, Sohnes
Ḥimilkats, Sohnes ʿAbd-Ešmuns. Nicht[1]) zu öffnen.

215.

rechte Reihe (1 oder 2?).

. . . .

. . . . 1.

. . . . Teig[2]) 2.

. . . . Erstlinge 3.

. . . . ? . . . ?[3]) 4.

. . . ., welches schön und fett ist. 5.

. . . . aus Byssos und eine 6.

Decke darun[ter]

---

[1]) i-bal.

[2]) Vgl. S. 481, Anm. 1.

[3]) Cs: pro velo camerae altae.

. . . . . |ב]ׇׇׇׇׇׇׇׇׇׇׇׇׇ|

. . . . .

. . . . . |ׇׇׇׇ ׇׇׇ ׇׇׇ|

. . . .

linke Reihe (1 oder 2?).

. . . .

ׇׇׇ ׇׇׇׇׇׇׇ

ׇׇ ׇׇ ׇׇ ׇׇ ׇׇׇׇ . . . .

|ׇׇׇ ׇׇׇׇ ׇׇׇׇ ׇׇׇׇ ׇׇׇ]ׇׇׇׇ| . . . .

ׇׇׇׇׇׇ ׇׇׇ ׇׇׇׇ ׇׇ ׇׇׇ . . . .

ׇׇׇ ׇׇ ׇׇׇ ׇׇׇׇ ׇׇׇׇׇ . . . .

ׇׇׇׇׇׇ ׇׇׇׇ ׇׇׇ ׇׇׇ ׇׇׇ ׇׇ]ׇׇׇ| . . . .

ׇׇׇ ׇׇׇׇׇׇ

ׇׇׇׇ ׇׇׇ ׇׇׇׇׇׇ ׇׇׇ ׇ . . . .

|ׇׇׇ ׇׇׇׇ ׇׇ]ׇׇׇׇ| . . . .

|ׇ . . . ׇ| ׇׇׇ]ׇׇׇ| . . . .

216. Karthago 2. CI. 167.

ׇׇׇ ׇׇׇׇׇׇׇ ׇׇׇ ׇׇׇׇ |ׇׇׇׇׇ ׇׇׇ ׇׇ ׇׇ ׇׇׇׇׇׇׇׇׇ|

|ׇׇׇׇׇ ׇׇׇׇׇ ׇׇׇ ׇׇׇׇ ׇׇׇ ׇׇ ׇׇ]ׇׇׇ ׇׇׇׇׇׇ ׇׇׇׇׇׇ ׇׇׇׇׇ
ׇׇׇׇׇ . . . . .

|ׇׇׇׇׇ ׇׇׇׇׇ ׇׇׇ ׇׇׇׇ ׇׇׇ ׇ]ׇׇׇ ׇׇׇׇׇׇ ׇׇׇׇׇ ׇׇׇׇׇ ׇׇׇׇ ׇ]ׇ ׇ|

|ׇׇׇׇ ׇׇ ׇׇׇ ׇׇׇׇׇ ׇׇׇ| ׇׇׇׇ ׇׇׇ ׇׇׇ ׇׇׇׇ ׇׇׇׇ ׇׇׇׇׇ ׇׇׇ
ׇׇׇׇׇׇ|ׇׇ ׇׇׇׇׇׇ . . . .

. . . . Teig und Erstlinge 7.

. . . . 8.

Der dr[itte (sechste?) Tag. 9.

. . . . 10.

linke Reihe (1 oder 2?).

. . . .

1. Der vierte Tag.

2. Erzeugnisse an Früchten, schöne, bringe dar ge . . .

. . . . . .

3. bringe dar in den Gemächern des (Tempels). und Brot Räucherwerk . . . .

4. du darbringst, dann soll sein dieses Brot und . . . .

. . . .

5. und Feigen, schöne, Milch(?) zu nehmen (du nimmst?) sollst du sorgen . . . .

6. und Räucherwerk, Weihrauch, zerstossenen, sieben Prie[ster . . . .

7. Fünfter Tag.

8. Zu setzen in die Zimmer ? . . . .

9. ? zweihundert und ? . . . .

10. . . . . . . fünf, ...

216.

Tarif der Abgaben, welchen errichtet haben [die Männer, welche über die Abgaben sind.

2. [Vom Rinde, Vollopfer oder Bittopfer,˙ soll gehören die Ha]ut den Priestern und der Rest dem Opfernden

. . . . .

3. [Vom Kalb. Vollopfer oder Bittopfer, soll gehören die] Haut den Priestern und der Rest dem Opfernden . .

. . . .

4. [Vom Bock oder der Ziege, Vollopfer oder] Bittopfer soll gehören die Haut der Ziegen den Priestern, und es

[באמר אמ בגדא אמ ב]צרב איל בללמ אמ צועת וכנ הערת לכה[נמ]

[בכל זבה אש יוב]ח דל מקנא כל יכנ לכהנ מנמ

[בצפר אגנג אמ] בצצ בכפ זר II על אחד

[בכל צועת א]ש יעמס בנת אלמ בנ לכהנ קצרת ו[יצלה . . . . . .

[על כל קדמת] קדשת ועל זבה צד ועל זבה שמנ . . . .

[על בלל ו]על חלב ועל זבה במנהת ועל [כל זבה אש אדמ לזבה]
. . . . .

[כל משאת אש] איבל שת בפס ז ינת]נ . . . .
. . . .

217. Karthago 3 CI. 168.

. . . . . . [עשרת האשמ אש על] המקדשמ

. . . . . . אשמנחלצ בנ
. . . .

218. Karthago 4. CI. 169.

. . . . . מקנא . . . . . .
. . . .

7 Zeilen fehlen.

. . . . מ אש על המקדשמ . .

sollen gehören die Ein[geweide und Füsse dem
Opfernden].

5. [Vom Schafe oder Lamm oder vom] Bocklamm(?).
Vollopfer oder Bittopfer, soll gehören die Haut den
Priestern . . . .

6. [Von jedem Opfer, welches opfe]rt ein armer an Vieh,
soll nicht gehören dem Priester irgend etwas.

7. Vom Vogel, zahmen oder] wilden, an Silber zr 2 für
jeden.

8. Von jedem Bittopfer, welches man bringt vor[1]) die
Götter, soll gehören dem Priester die kṣrôt und
jṣlôt . . . .

9. Für alle Erstlinge]. welche dargebracht werden, und
für das Jagdopfer und das Mastopfer . . . .

10. Für Teig und Milch und für Opfer als minḥâ und
für [jedes Opfer, welches man opfert . . . .

11. [Jede Abgabe, welche] nicht festgesetzt ist in dieser
Tafel, der soll geben . . . .

217.

. . . . die Zehnmänner[2]), welche sind über]
die Heiligtümer

. . . . Ešmun-ḥilleṣ Sohn

. . . .

218.

was opfert, einer der arm ist an] Vieh

. . .

7 Zeilen fehlen.

. . . . . . die Zehnmänner,] welche sind über die
Heiligtümer . . . .

---

¹) Nr. 213.. 13: מנח!
²) Nr. 224.

. . . בסם X ויתן אף א . . . .

. . . חצי לכל אדמ אש ים . . . . .

. . . בנ בעלעמם בנ יתנ . . . . .

219. Karthago 5. Cl. 170.

[בעת המשאתת אש תנא האשמ אש על ה]מ̇שאתת עת ר בעלישלכ
בנ בדמלקרת בנ שפט ואשמנ . . . . . [והברנמ]

[באלפ . . . . יבנ לכהנ בסף . . . . יבנ אחרי הש]אר והאשלבמ
והפעממ אש בל עלמ עלת מזבח אמ ל . . . . [לבעל
הזבח]

[בעגל . . . לכהנ בסף . . . יבנ אחרי השאר והאשלבמ והפעמ]מ
אש בל עלמ עלת מזבה אמ ל . . . . [לבעל הזבח]

[כ] . . . . ל[כ]הנ בסף . . . . ל[באחד
ו . . . . . . לבעל הזבח]

220. Karthago 6. Cl. 171.

. . . . . י	[בנ גר]עשתרת [ל] . . . .
. . . . . .	בכר ל[בסף משק] . . . . . .
. . . . . .	[בנ חנ]בעל בנ בעלחנא בנ [ל] . . . .
. . . . . .	[כם]פ בכרמ מאה בתאריחנמ . . . .

. . . . an Silber 10 (Šekel), und es soll
geben obendrein das . . . .
. . . . die Hälfte für jedermann der
be[sorgt [1])
. . . . Sohnes von Baʿal-ʿamas Sohnes
von Jatan- . . . .

219.

1. Tarif der Abgaben, welchen errichtet haben die Männer,
welche sind über die] Abgaben zur Zeit unserer Herrn
Baʿal-šillek, Sohn Bod-Melḳarts Sohnes Šopheṭs und
Ešmun- [. . . .'s, Sohnes . . . . Sohnes . . . . . .
und ihrer Amtsgenossen.
2. [Vom Rinde . . . . . . soll gehören dem Priester an
Silber x (Šekel) und es soll gehören der Rest des
Flei]sches und die Eingeweide und die Füsse, welche
nicht als Brandopfer kommen auf den Altar, oder . .
. . . [dem Opfernden.]
3. Vom Kalbe . . . . . soll gehören dem Priester an
Silber x (Šekel) und es soll gehören der Rest des
Fleisches und die Eingeweide und die Füss]e, welche
nicht als Brandopfer kommen auf den Altar oder . .
. . . . [dem Opfernden].
4. Vom . . . . dem Priester an Silber
(Šekel) für [je eines und . . . . dem Opfernden].

220.

[Von . . . .] Sohn Ger-]ʿAštorets
. . . . Silber an Gewi]cht ein Talent
[Von . . . . Sohn Hanni]bals, Sohnes
Baʿal-ḥannôs Sohnes
. . . . Silber an Gewicht hundert Talente ? ?

---

[1]) [כנ]מ'?

. . . . .   [כ]. . . . . בנ חנבעל.בנ בעלחנא בנ חנבעל

. . . . . .   [כספ בברזל] מאת על בני על עבדמלקרת אש

. . . . א   [ש]נת בשד כהחל הא בבעת ז . . . . . .

[ל]. . . . . [בנ עז]רבעל בנ בדעשתרת

[בש]נמ בבל רה?נ   . . . . . .

221. Karthago 7. CI. 172.

. . הקדש

222. Karthago 8. CI. 173.

. . ? מה
. . . . . .

223. Karthago 9. CI. 174.

אש ל . . . . . . א
[ת]. . . . ל ב . . . ל \ III III . . . בא . . ב
פעלת . . . . לבל . . . . וו . . . .
ארב . . . . א . . ה . . ה . . א . . . .
בעל . א . . . ל . . . ־ . . שבנ בש . ע ב . א . . . לוב . .
ב . . . . ב . . . ל . . . ת . II I I . II
ת . . . על . . . ת ב ה . . I III III I
[בנ]של[מ]

224. Karthago 10. CI. 175.

Xחדש ופעל אית המטבח ז דל פעממ עשרה האשמ אש על המקדש
אש בנ בשת ש . . . .

נרסבנ וגרעשתרת בנ יהנבעל בנ עזרבעל בנ שפט ובדעשתרת
בנ . . .

225. Karthago 11. CI. 176.

נדר עברב מלבית השפט בנ מהרבעל השפט

5. [Von . . . .] Sohn Hannibals Sohnes Ba'al-
hannos Sohnes Hannibals [Silber Talente] hundert für
seinen Sohn Abd-Melkart, welcher . . . . . . Ja]hre,
nach Massgabe dessen (?) wie es eingegraben ist (?) in
diesem Tarif.

[Von . . . . Sohn 'Aza]rba'als, Sohnes Bod-
'Astorets . . . . . .

. . . . Ja]hren für jedes . . . . .

221.

?

222.

?

223.

. . . .

224.

Es haben erneuert und gemacht diesen . . ? . . . . ?
die Zehnmänner, welche über die Heiligtümer sind,
welche waren im Jahre . . . . Sohnes]
Ger-sakon's und Ger-'Astorets, Sohnes Jehon-Ba'als
Sohnes 'Azar-Ba'als Sohnes Šafets und Bod-'Astorets,
Sohnes . . . .

225.

Gelübde deines Dieners Melek-jatan, des Richters.
Sohnes Maher-Ba'als, des Richters.

226. Karthago 12. Cl. 177.

לרבת לאמא ולרבת לבעלת חטדרת אש פעל חמלר בנ בעלחנא

227. Karthago 13. Cl. 178.

נ]דר בעלשלב בנ עבבר על בנם תשמע קלא ו תברבא . . . . . .

228. Karthago 14. Cl. 179.

ל . . . . . אש]

נד]ר בדעשתרת]

בנ עבדמלקר־

ת בנ שפטבעל

בירח מרפאם

שת אדנבעל]ו]נ

ר]עשתרת]

226.

Der Herrin Ammâ und der Herrin, der Ba'alat-ha-
deret: was gemacht hat Hamlar, Sohn Ba'al-hannôs.

227.

. . . was gewejiht hat Ba'al-šillek, Sohn 'Akbars, für
die Söhne. Sie erhörte die Stimme. | Sie segne.

228.

[. . . . . was]
[gelo]bt hat Bod-'Aštoret
Sohn 'Abd-Melkarts
Sohnes Šafet-Ba'als,
im Monat Merpa'im
des Jahres Adar-Ba'als [und] Ge[ı]-
'Aštorets.

Beiträge

zur

Altertumskunde des Orients,

Von

Wilh. Dr. Freih. v. Landau.

III.

Die Stele von Amrith — Die neuen phönicischen
Inschriften.

Leipzig.
Verlag von Eduard Pfeiffer.
1903.

Die Stele von Amrith.

Im Juni 1901 legte M. de Clerq der Academie des inscriptions eine Stele aus Amrith an der phönizischen Küste vor. Diese war schon seit dem Jahre 1881 durch Clermont-Ganneau in einer Zeichnung bekannt gemacht. aber wenig beachtet worden, da sie 20 Jahre lang im Garten ihres Besitzers M. Péritié in Beirut vernachlässigt gelegen hatte. Erst infolge ihrer Erwerbung durch M. de Clerq konnte sie abschliessend veröffentlicht werden[1]).

Bei dieser Gelegenheit stellte sich auch heraus, dass sie eine bis dahin nicht erkenntliche phönizische Inschrift in kleinen Zeichen trug. Deren Lesung ist gerade in ihren wichtigsten Bestandteilen — dem Namen des Weihenden und dem des Gottes — nicht genau bestimmbar. Sonst handelt es sich in den 3 Zeilen nur um eine der gewöhnlichen Widmungsformeln[2]).

Es wird sich wohl schwerlich feststellen lassen, ob diese Inschrift überhaupt ursprünglich auf der Stele gestanden hat, oder ob sie später - und dann sehr viel später — hinzugesetzt worden ist. Da sie so undeutlich ist, dass sie überhaupt erst nach der Überführung nach Paris erkannt werden konnte, auch an unpassender Stelle (zwischen den Beinen der Figur über dem Löwen) steht, so liegt der Gedanke nahe, dass der Urheber der Stele sie nicht gesetzt hat. Denn sonst würde man eine passendere

---

[1]) Es war nicht möglich für dieses Heft eine Wiedergabe der in den Comptes rendus der Académie gegebenen Photographie herzustellen.

[2]) vergl. unten S. 13.

1*

Stelle und eine entsprechende Raumverteilung dafür erwarten. Es ist also zu erwägen, ob es sich nicht um eine
Erscheinung handelt wie in der Inschrift Šešonks aus
Gebal, welche die später hinzugefügte phönizische Widmung trägt[1]. Da unsere Darstellung hethitischen Einfluss
zeigt (S. 6), so kann man für sie wohl kaum in eine Zeit
hinabgehen, wo Syrien und Palästina diesem Einflusse schon
lange entzogen waren. Den Hethiterzopf würden wir
doch zunächst nicht mehr in einer Zeit erwarten, die schon
längst assyrisch war. Das ist also für phönizische Inschriften immer noch ein sehr hohes Alter. Sargons
Regierung bedeutet ja das Ende alles selbständigen Hethiter-
tums in Syrien, nachdem dessen Ausdehnungsfähigkeit
längst verloren gegangen war. Schwerlich kann sein Einfluss sich in Phönizien länger lebendig erhalten haben.

Abgesehen hiervon giebt uns die Inschrift wegen der
Unmöglichkeit gerade die entscheidende Buchstabengruppe,
den Namen der Gottheit, einigermassen sicher zu lesen,
überhaupt keinen irgendwie wichtigen Anhalt. Um so deut-
licher spricht aber diesmal ausnahmsweise die Darstellung.

Diese zeigt einen Löwen, der auf einem Gebirge mit
zwei Gipfeln steht. Auf dem Löwen steht ein Gott, der
in der Rechten eine krumme Waffe schwingt, in der Linken
ein erlegtes Tier mit dem Kopf nach unten hält, das hier
löwenartig aussieht. Dabei wäre allerdings anzunehmen,
dass es sich bei dem Gott wie dem Löwen, auf dem er
steht, um als übernatürlich gedachte Dimensionen handelt.
Das würde ja auch zu dem Standorte des Löwen — zwei
Bergen — stimmen. Über dem Gotte ist noch der Mond
dargestellt, genau so wie auf der Baʿal Harranstele aus
Sendschirli als Sichel mit Scheibe, „the new moone with
the ould moon in hir arme", wie Stucken aus einer alteng-
lischen Ballade bei Percy zitiert[2] und auch Clermont-

---

[1] vergl. Heft II. Inschrift Nr. 2.
[2] Astralmythen S. 54.

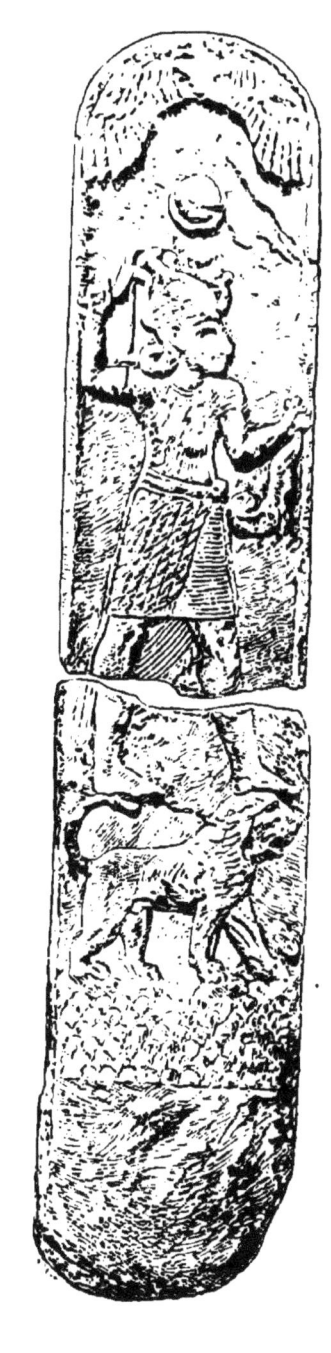

Die Stele von Amrith

nach Perrot-Chipiez, Histoire de l'art dans l'antiquité III p. 431
und Clermont-Ganneau, Recueil d'archéologie Orientale IV p. 326

Ganneau als allgemein bekannte englische Anschauung [1] anführt. Ausserdem die stilisierte geflügelte Sonnenscheibe. Das Denkmal kennzeichnet sich als echt phönizisch. Während nämlich M. de Clerq es als phönizisch-hittitisch bezeichnen möchte, führt Clermont-Ganneau ganz richtig aus, dass es auch als assyrisch-ägyptischer [2] Mischstil bezeichnet werden könnte, wie er den Phöniziern eigen ist. Recht haben sie alle beide, denn da Hethitisches darin ist, so ist damit die Mischung aller drei Kulturen gegeben, die den Boden Phöniziens abwechselnd erobert haben. Denn der hethitische Einfluss, den Clermont-Ganneau abweisen möchte, strahlt uns in glorreichster Form aus dem Zopfe entgegen, der dem Gotte dahintenhängt. Dieses Abzeichen hethitischen Volkstums genügt völlig, um uns die von Clermont-Ganneau mit Recht vermissten hethitischen Stiefel mit aufwärtsgekrümmter Spitze als entbehrlich erscheinen zu lassen.

Für die mythologische Deutung im einzelnen fehlt es uns an der nötigen Kenntnis der phönizischen Mythologie und der Gottesname ist, wie gesagt, in der Inschrift nicht mehr lesbar. Dass man die Götterfigur als eine Heraklesgestalt im allgemeinen aufzufassen hat, liegt auf der Hand. Die zwei Berggipfel sind nach Wincklers Ausführungen (Arabisch-Semitisch-Orientalisch S. 138) die Vorstellungsform der Erde überhaupt, welche als der Länderberg mit zwei Gipfeln dargestellt wird.

Diese Darstellung ist nun m. E. identisch mit einer der in den Thorskulpturen von Sendschirli gegebenen, die soeben veröffentlicht worden sind. Dass es sich bei diesen

---

[1] Ohne Angabe seiner Quelle. Es soll allgemeiner Volksglaube in England sein: „aujourd'hui encore, en Angleterre, la croyance populaire désigne ce phénomène de la lumière cendrée par une expression pittoresque dans laquelle tout un mythe est comme en germe" etc. (Die letzten Worte sind von mir gesperrt. Cl.-G. hat wohl Stucken nicht gekannt, scheint sich aber mit ihm vollkommen in der Deutung der Erscheinung wie ihrer mythologischen Verwendung zu begegnen).

[2] Der Gott trägt die Uraeusschlange.

Darstellungen überhaupt um mythologische Abbildungen
des Weltalls handelt, hat Stucken (Astralmythen S. 51 f.,
vergl. S. 205 der Sendschirli-Publikation) nachgewiesen[1]).
Dazu stimmt die Tatsache, dass zum Teil völlig identische
von Oppenheim in Tel Halaf an der Chaburquelle gefunden
worden sind.

Die Darstellungen, welche ich mit unserer phönizischen
identifizieren möchte, finden sich zweimal im äusseren
Burgthor von Sendschirli und zwar deutlich als Pendants
gedacht, indem an der Westseite die beiden Hauptgestalten
sich den Rücken kehren, also voneinander wegschreiten, an
der Ostseite der Gott hinter dem Löwen herschreitet, ihm folgt.

Es ist beide Male dargestellt: der Löwe und daneben
in der gedachten Weise der Gott. Dieser ist hier in
genau derselben Stellung gegeben: mit geschwungener
Waffe von krummer Gestalt in der Rechten und mit er-
legtem Tiere in der Linken. Beim letzteren kann man
zwischen einem fuchsartigen Tiere (Schakal) oder Hasen
schwanken[2]). An der Westseite sind oben in den Ecken
noch zwei Vögel, der eine mit geöffnetem Schnabel, der
andere (ein Geier) mit geschlossenem, dargestellt.

Der Gott selbst aber hat den Kopf eines zum Katzen-
geschlecht gehörigen Tieres mit aufgerissenem Rachen.

Trotzdem der Ausdruck mehr an die Katze erinnert,
ist wohl doch ein Löwenkopf gemeint. Wenigstens ist aus
dem in Betracht kommenden Kulturkreis bis jetzt eine
mythologische Bedeutung der Katze (wie in Ägypten) nicht
nachweisbar. Die Vergleichung mit dem Löwen selbst
scheint mir dem auch nicht zu widersprechen. Es wäre
doch wohl auch anzunehmen, dass der Gott auf oder neben
dem Löwen eben die Löwengottheit ist.

---

[1]) vgl. jetzt auch Messerschmidt in Geschäftliche Mitteilungen der VAG. 1902 II S. 16.

[2]) Beim Fuchs oder Schakal würde man den buschigen Schweif
vermissen Auch die Ohren sind viel zu lang und weisen ihrerseits
auf den Hasen.

Die Ausgrabungen in Sendschirli. Tafel XLIV

Die Ausgrabungen in Sendschirli. Tafel XLV

Die Ausgrabungen in Sendschirli. Tafel XXXIV.

Die beiden bis jetzt besprochenen Reliefs gehören dem äusseren Burgthor von Sendschirli an. Dessen Skulpturen stammen ausnahmslos aus einer verhältnismassig jüngeren Zeit und zeigen in der Wahl des Materials (harter blasenfreier Dolerit [1]), sowie der Ausführung und Darstellung eine fortgeschrittenere Kunst. Dem gegenüber zeigen die wenigen Skulpturen, welche vom südlichen Stadtthore (dem einzigen, das Skulpturen geliefert hat) herrühren, in dem grobblasigen Dolerit, sowie in Technik und Auffassung die Kennzeichen einer primitiven und älteren Kunst. Die betreffenden Reliefplatten sind nicht in situ gefunden, sodass wir über ihre Zusammengehörigkeit untereinander keinen Anhalt haben.

Der Umstand, dass zweifellos eine Anzahl Platten fehlen, erschwert ebenso ein Urteil über den Zusammenhang der beabsichtigten Darstellungen. Soviel kann jedoch wohl als sicher gelten, dass es sich auch hier um genau entsprechende Darstellungen handelt. Der Hirsch mit dem zurückgewandten Kopfe und dem vom Pfeile durchbohrten (?) Halse, der Hirsch über dem Löwen, der Bogenschütze (vergleiche Westseite des äusseren Burgthores, Tafel XXXVII C) beweisen namentlich im Zusammenhalt mit den von Oppenheim in Tel Halaf gefundenen ebenfalls genau dieselben Gegenstände darstellenden Platten das zur Genüge. Die Idee liegt nahe, dass der Bogenschütze und der Hirsch mit dem durchbohrten (?) Halse als zusammengehörig anzusehen sind. Da der Hirsch von dem darüber dargestellten Hunde doch offenbar als verfolgt gedacht ist, so handelt es sich um eine Jagdszene (selbstverständlich mit mythologischer Bedeutung). Hierzu passt dann auf das allerbeste die Darstellung hinter dem Schützen. Hier kann es nicht zweifelhaft sein, dass es sich um einen Hasen handelt. So wie dieser abgebildet ist, kann er nur als Jagdbeute gedacht sein,

---

[1] von Luschan in „Ausgrabungen von Sendschirli" Seite 204.

wie auch der Herausgeber von Sendschirli annimmt. Wenn
dem aber so ist, so ist andererseits soviel klar, dass es
sich um allgemein bereits anderweitig in feste Formen
gebrachte Vorstellungen handelt, die hier zum Teile nur
andeutend wiedergegeben werden, weil es der primitiven
Technik nicht möglich war, die Figuren in dem engen
Zusammenhang darzustellen, wie es die spätere Kunst der
Burgthore getan hat. Denn der Hase hängt sonst hier
völlig in der Luft und steht ausserhalb jedes Zusammenhanges. Dieser Zusammenhang muss also als allgemein
bekannt vorausgesetzt sein. Mit andern Worten, auch
das weist darauf hin, dass wir es mit mythologischen,
bekannten Darstellungen (Sternbildern) zu thun haben.

Es wird sich also auch hier um denselben Gegenstand
handeln

Die neuen phönicischen Inschriften.[1]

1. Amrith.

Eine Stele mit der Darstellung einer Gottheit, welche auf einem Löwen steht, mit der Rechten eine Waffe schwingt und in der linken ein erlegtes Tier hält. Die Stele ist seit 1881 durch Clermont-Ganneau bekannt: vergl. S. 3 ff. Die Darstellung war veröffentlicht nach Clermont-Ganneau bei Perrot-Chipiez, Histoire de l'art III p. 413. Nach Erwerbung durch Mr. de Clerq wurde eine phönicische Inschrift erkannt (Ac. Inscr. 7. juin 1901), deren Lesung grosse Schwierigkeiten bietet.

Berger las:

נפש ז בן עבדם לאדני לשׁדרבל
כשמע קל יברב

Clermont-Ganneau, Recueil d'archéol. Orient. IV p. 331 ff erkennt davor noch eine Zeile und liest (vgl. auch Rép. 234):

נצב אש ו(תנן] . . . בעל
??? פלם בן אבדם לאדני לשדרפא
כשמע קל דברי (sic)

Dies ist die Stele, die gestiftet hat X-ba'al X-pilles, Sohn von . . . . für seinen Herrn Šadrapha, weil er erhört hat seine Worte.

2. שדרפא fasst C.-G. als Namen einer phönicischen Gottheit, welche als Σατραπης griechisch bezeugt ist.

3. דברי statt Bergers יברב hält C.-G. für sicher.

---

¹) Im folgenden sind die seit Zusammenstellung von Heft 2 neu hinzugekommenen Inschriften gegeben.

2. Sidon 5.

Berger, Mémoire sur les inscriptions de fondation du temple
d'Esmoun à Sidon. Mémoires de l'Ac. Inscr. tome XXXVII, 1902.
Charles C. Torrey im Journal American Orient. soc. XXIII p. 156—173.

Nach 6 sich ergänzenden Inschriften, gefunden 1900
einen Kilometer östlich von der Mündung des Nahr Aule
nördlich von Saida.

מלכ בדעשתרת מלכ צדנמ בנבנ
מלכ אשמנעזר מלכ צדנמ בש
דנ ימ שמנ רנמ ארצ רשפנ צד
נ משל אש בנמ צדנ שר אית של
הבה ז בנ לאלי לאשמנ שר קד
ש

Zeile 4: Die beiden letzten Buchstaben sind undeutlich und stehen nur in einem der Exemplare (so weit
erhalten), haben aber sicher in andern gefehlt.

Berger übersetzt:
König Bod-'aštart, König der Sidonier, Enkel
des Königs Ešmun-'azar, Königs der Sidonier in
Sidon am Meere, dem hohen Himmel, dem Lande der
Rešefs, Sidon,
welches herrscht über seine Kinder. Sidon der Herr-
scherin. Das was gehört
zu diesem Tempel hat er gebaut seinem Gotte Ešmun, dem König des Heiligtums.

Winckler (in Orientalistische Litteratur-Zeitung 1902, 480):
König Bod-'aštart, König der Sidonier, Enkel
des Königs Ešmun-'azar. Königs der Sidonier aus(?)
Sidon.
Das Meer, der hohe Himmel, die Erde und die Unterwelt (rešafim) — (der Gott) Sidon
beherrscht was in ihnen ist, Sidon ist König. Was
gehört zu
diesem Hause hat er gebaut seinem Gotte Ešmun,
dem König des Heiligtums.

3. Nora.

Pellegrini, Studii d'epigrafia fenicia, p. 122. v. Landau, Mitteilungen der Vorderasiatischen Gesellschaft, 1901, S. 103 ff. Original im Museum zu Cagliari. Steinplatte.

P.: נדר בדא בן עבדא
L.: נדר פדר בן עבדא

Gelübde Bodo's, S. Abdo's.

4. Nora.

ib. desgl.

P.:   נדר ברי   L.:   נדר פרה
    בן אריש   ? ? ?
                   ? ?

5. Nora.

ib. desgl.

נדר עבד[מלקרת]

6. Nora.

ib. desgl.

נדר מגן

Gelübde Magons.

7. Nora.

ib. desgl.

P.:   נדר גרמ[סכר   L.:   נדר גר ? חדר
    בן . . . .   [בן] . חדר

8. Tharros.

Im Museum zu Cagliari. Gauckler und Berger in Comptes rendus 1900 p. 198—207.

Silberblättchen, ähnlich wie No. 24. Enthält die Darstellung einer Barke mit zwei ägyptischen Gottheiten und sieben stehenden Personen. Repertoire No. 21.

ש|. . .

א[בר]. .

בנ . .

שבי . .

למ ? נ ? פנ|מ|

9. Memphis.

Basis einer Stele; weisser Marmor. Gefunden 1900 in Mit-Rahine. 0,45 ~ 0,10 m. Jetzt im Museum zu Kairo.

Vogüé, Comptes rendus de l'Ac. inser. 1900, p. 150. Répertoire d'épigr. No 1. und 235. Lidzbarski. Ephem. I. S. 152 ff.

1. המטנא ; יטנא אנכי בדעשתרת בנ עבדמלכ בנ בנבעל בנ
   עבדמלכת בנ בנבעל

2. בנ עבדמלכ[ת . . . . . להשמענ אנכי לרבתי לאלמ אדרת אס
   אלמ עשתרת ולאלנמ אש

3. . . . י[ברכ אינ]ת . . . . : עבדאסר יבנבעל ועבד
   שמש ופעלעשתרת ואת אממ חנעשתרת

4. וי[תנ למ הנ וחימ לענ אלנמ ולענ אדמ

1. Dieses Weihstück habe ich aufgestellt, ich, Bod-ʿAštart, Sohn ʿAbd-Milkôts, Sohnes von Benî-Baʿal, Sohnes von ʿAbd-milkôt, Sohnes von Benî-Baʿal

2. Sohnes von ʿAbd-milkô[t . . . . . damit sie mich erhöre, mich, für meine Herrin, die Gottheit Herrliche Isis, die Gottheit ʿAštart, und für die Götter, welche

3. . . . Sie mögen segnen [Bod-ʿAštart und seine Söhne] ʿAbd-Osir und Benî-Baʿal und ʿAbd-Šemeš und Paʿal-Aštart und ihre Mutter Hanni-Aštart

4. und ihnen geben Gnade und Leben vor Göttern und Menschen.

1. Zur Lesung Abd-Milkôt keilinschriftlichem Abdi-Milkûti s. Winckler in OLZ. 1901, 357. אבד: Die Schreibung mit ׳ findet sich sonst nur in ebenfalls ägyptischen Inschriften (111. 112. 115. 147). In der zweiten Zeile ist es wol mehr als Wiederaufnahme des Accusativs (des Suffixes von ד׳שמעה) und nicht als Subjectnominativ gemeint. Lidzbarski liest: אנב פעל עטרת; vgl. Z. 3.

2. אלני hier zum ersten male von einer Göttin. אדרת אם (der Name Isis[1]) zum ersten male, bisher nur in Eigennamen bezeugt), ist wol mehr als ein Name zu fassen: „Fürstin Isis". Lidzbarski liest: בנ עבדמלך[ת . . . על [א]ד׳תשמר נאלני לרבי׳ 'Abd-Milkot aus . . . für die Behütung meiner Reise (??)"!

3. את neben אית. Clermont-Ganneau vermutet, dass letzteres beim masculinum, את beim femininum stände.

10. Memphis.

Graffito in einem Grabschacht bei der Una-Pyramide, jetzt im Museum zu Kairo. Répertoire d'épigr. No. 2.

לחן בת אבנן

Hanna, der Tochter Abî-nun's.

Für Nûn als Bestandteil des zweiten Namens verweist Winckler, in OLZ 1901, 357 auf Nûn, den Vater Josuas.

11. Alexandria.

Vase, in einem Grabe alexandrinischen Styls gefunden Musée gréco-romain zu Alexandria. Répertoire No. 3.

לחמא בנ יתנצד

Ḥamâ, dem Sohne Jatan-Ṣêds.

Für רבא verweist Derenbourg auf den biblischen Ham, Vogüé auf sein einmaliges Vorkommen in Karthago (bei Euting 25)

---

[1] Lidzbarski, Handbuch S. 153. bemerkt zur בעליה גבל: „(Isis?)"! Eine phönicische Göttin ist keine ägyptische.

12. Tell Basta. Ägypten.

Töpfermarke, auf dem Henkel eines Krugs. Im Musée gréco-romain zu Alexandria. Répertoire No. 4.

ב ב

13. Karthago.

. Anhängsel eines Halsschmucks aus Gold; 0.015 m Durchmesser. Gefunden von P. Delattre in einem Grabe der Nekropole von Duïmes zu Karthago 1894.

Berger. Comptes rendus de l'Ac. inscr. 1894. p. 421. 453—458. Lidzbarski. Handbuch S. 429 n. a, zuletzt Répertoire No. 5.

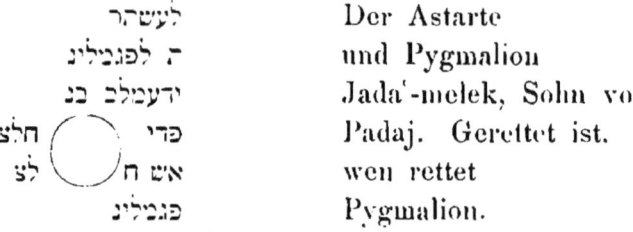

לעשתר   Der Astarte
ר לפגמלין   und Pygmalion
ידעמלב בנ   Jada'-melek, Sohn von
כדי   Padaj. Gerettet ist.
אש ח   wen rettet
פגמלין   Pygmalion.

Die Schreibung פגמלין legt die Voraussetzung nahe, dass es sich um eine Rückschreibung aus dem Griechischen handelt. Die Auffassung der letzten Worte ist die von Chabot und scheint allein einen Sinn zu geben, wenn man den Charakter des Schmuckstücks berücksichtigt. Ein ex voto ist bei einem solchen Gegenstande nicht denkbar. 'Astoret und Pygmalion sehe ich nicht mit dem Répertoire als Doppelname einer Gottheit an, sondern als die der weiblichen Gottheit Astarte (Dido) und ihres „Gatten".

14. Karthago.

Grabinschrift, grauer Stein.

Vogüé, Comptes rendus de l'Ac. inscr. 1892. p. 80. etc. Répertoire No. 6.

קבר עבדרם נסב
הברזל בנ בעלשלכ

Grab 'Akborams, des Eisengiessers.
Sohnes von Ba'al-Sillek.

15. Karthago.

Grabinschrift, Steinplatte 0,87 ⁓0,60 m. welche als Deckplatte für eine Grabkammer auf dem Grunde eines Grabschachts diente. Gefunden 1900.

Berger in Comptes rendus de l'Ac. inscr. 1900, p. 220. Répertoire No. 7.

קבר גרכלך הכהנת
שרבתן:

Grab der Ger-kelka(r t, der Priesterin unserer Herrin (der Tanit!)

16. Karthago.

Auf der schmalen Kopfseite des Deckels eines Aschengefässes in Menschengestalt. (0,45 m.) Musée Lavigerie. Delattre Comptes rendus de l'Ac. inscr. 1898, p. 619—630. Répertoire No. 8.

בעלשלב הרב
Ba'al-šillek, der rab.

בר ist Titel der Angehörigen der obersten Behörden. (Berger) vgl. No. 25,6 und 27.

16. Karthago.

Ähnliches Gefäss wie das Vorige. Musée Lavigerie. Delattre ib. p. 620. Hat den Buchstaben:

ב

17. Karthago.

Terracottagestell, welches als Untersatz für eine Urne diente; gefunden in Duïmes.

Berger in Musée Lavigerie p. 46—47. Répertoire No. 11

בדצד
Bod-Ṣêd.

18. Karthago.

Lampe aus Thon. ib. p. 47. Répertoire No. 12.

לריב
ר?
Gehörig R j i k.

2*

19. Karthago.

Mit Tinte auf einem Kruge. Gefunden 1899. Im Musée Lavigerie.

Delattre in Comptes rendus 1900 p. 95. Berger ib. p. 96. Répertoire No. 10.

ש יחילג בג ש]ביר] עבד עבדמלקרה בג חלצבעל בנבג חלצבעל
בג בעלהנא   חרת בניחסף

Gehörig J ḥ w lôn Sohn Ṣ[amars], dem Diener ʿAbd-Melḳarts, Sohnes von Ḥilleṣ-Baʿal, Sohnes von Ḥilleṣ-Baʿal, Sohnes von Baʿal-hanno ...... in Töpferwaare.

Zu חרת verweist Clermont-Ganneau auf das Hebräische חרת Ex. 32, 16, wobei er aber an der Zulässigkeit der Erklärung zweifelt, weil es dort einritzen von der Schrift bedeutet, während hier mit Tinte geschrieben ist. Die Bedeutung des חרת ist aber sehr zweifelhaft, denn es handelt sich in der Exodusstelle wahrscheinlich um eine Glosse: „Die Tafeln (לחׂית) waren göttliche Arbeit und die Schrift war göttliche Schrift ge ..... (הרוֹת) auf die Tafeln (עׇל הלחוֹת)".

Hier handelt es sich also bei der Bestimmung von חרת nicht um die alte Vorstellung von den Gesetzestafeln[1]), sondern um diejenige, welche der jüngere Glossator hatte.

20. Karthago.

Kalksteinplatte, links abgebrochen. 0,14×0,18 m. Gefunden in Borg gédîd 1899. Musée Lavigerie.

Vogüé in Comptes rendus 1899, p. 247. Clermont-Ganneau, Leçons du Collège de France 1899. Delattre Comptes rendus 1899, p. 560. Lidzbarski Eph. I. S. 164, 241. Répertoire Nr. 13 u. 236.

---

[1]) Winckler in Orient. Litt.-Zeit. 1902, 120 will „Gottesschrift" (im Gegensatz zu „menschlicher Schrift" Jes. 8,1 = Buchstabenschrift) von Keilschrift verstehen.

1. מרכפרס בן בדמרקרת בן מרכפרס בג . . . . בז'
2. מרכפרם בן בירקרתפרס בקמ אלרם בז . . . .
3. מרבחרמי מצבה לערי יח אגב איש ʼ פﬞ . . . . .
4. יכבר ערם אכבפה עבד רענא כרה דר קדש בר . . .
5. ב ב מבהנ בהיי קדשמ עבר יאלגמ שמש עדל ארﬞ . . .
6. מרשמל | ש[עת יראית ﬞ(עﬞ[]ﬞ שמי בﬞ]ﬞה עﬞ טﬞ לﬞערﬞ[מﬞ
7. בגמ ערר רבכבדת ערבימי ארר שפה כ]א . . . .
8. ירח : לראב ראבר כפרי רב בפם . . . . . .

Melek-pilles Sohn Bod-Melkarts S. Melek-pilles, Sohn
. . . . S.

2. Melek-pilles S. Melkart-pilles, des Gottgeweihten, S.
. . . . |S.

3. Melek-ḥirams. Eine Stele für die Rettung des Jzr ?].
Ich bin es, der ich . . . .

4. zum ewigen Gedächtnis. Ich habe zusammengebracht
Hölzer, habe errichtet ein krḥ als Leistung für [?] den
Heiligen R. . . . . .

5. weil [? mich . . . te zu meinen Lebzeiten der heilige
'br und der Gott Šams gerecht war gegen mich

6. vom Himmel . . . . . . und Ehre und . . . meines
Namens . . . . . . für ewig

7 erwiesen [?] sie mir. Und durch die Ehren meine
Verdienste war herrlich . . . .

8. Monat [?]: ? meine Schrift hat geschrieben . . . . . .

3. מיﬞ: das ꞈ nicht sicher, nach Lidzbarski מ am wahr-
scheinlichsten.

4. רל wie in Nr. 25.2?. — Bezeichnet קרשמﬞ etwas ähnliches wie אﬞ(ﬞ)מ, also eine Gottheit (niedern Grades?) ? ?

5. בכבﬞ zu verbinden, sodass ꞈ das Suffix wäre? Rép.
schlägt vor כﬞה = כﬞ „da (כﬞ) sie waren zu meinen Lebzeiten", jedoch ebenfalls ohne einen Zusammenhang.

6. Den ergänzten Text fasst Rép. als „par l'esprit de
Hathor", oder ﬞעﬞ als „éclat". Bezeichnet עﬞﬞ etwas wie
„Verdienste erwerben" Ešmunazar 19?

Lidzbarski liest:

וי . . . . . אחי עדי שׁמ ואלם | יו

6. מ שׁמ בתב נהאית ו|התאה|ת שׁמי בא|ת שׁ שׁמר לעלמ]

5. die Götter haben meinen Namen . . . . . . mein Wahr-
zeichen . . . . . haben sie mit ihrem Namen aufgeschrieben und
den Glanz und [die Pracht?] meines Namens haben sie am Anfange
aufgezeichnet für alle Zeiten". Dergleichen steht in keiner orientalischen Inschrift, am wenigsten in der eines Privatmannes, denn
es würde bedeuten: „die Götter haben mich zu einem Gotte
gemacht".

7. „בני בנעמ" Rép. Der Mangel eines Zusammenhanges
macht eine Vermutung unmöglich. Zu אדר שפח verweist
Rép. noch auf אדר ערבת (C I 132 = Nr. 185) „Schatz-
meister".

21. Karthago,

gefunden 1899. Im Musée Lavigerie.
Delattre in Comptes rendus de l'Ac. 1899. p. 308. Lidzbarski.
Ephemeris I S. 38. Répertoire No. 14.

קבר בדעשתרת
בנ עזמלכ בנ עבדמ
לקרת בנ גרסכנ

Grab des Bod-'Astart
S. Ozzi-melek S. 'Abd-
Melkart S. Gêr-soken.

22. Karthago.

Gefunden 1890. Musée Lavigerie. Mit Tinte auf einem
Thongefässe viermal wiederholt.

Dalattre in Revue archéologique 1891, XVII p. 58. Vogüé,
Comptes rendus 1891 p. 107 etc. Berger. Musée Lavigerie p. 66.
Rép. No. 15.

עבדבעל שקל
'Abd-Ba'al . . .

23. Karthago.

Mit Tinte auf einem Thongefässe. Gefunden 1895
in Duïmes. Musée Lavigerie.

Delattre in Mem. Soc. des Antiquaires de France tome LVI
p. 257. Berger in Musée Lavigerie p. 67. Répertoire No. 16.

עבדמלכרת

בלת שעראת

'Abd-Milkôt

die junge Frau von Atô (?)

Rép. fasst Zeile 2 als „gestorben . . .

24. Karthago.

Auf einem zusammengerollten Goldblättchen. 0,28 ×
0,24 m, das in einem goldenen Behälter steckte, der als
Amulet dienen konnte. Buchstabenhöhe ungefähr 1 Milli-
meter. Gefunden 1900 in der Nekropole.

Gauckler, Comptes rendus de l'Ac. 1900, p. 198. Im Musée
de Tunis. Berger ib. p. 205. Rép. No. 19 und 20.

נצר ישמר חלצבעל[?]

בנ ארשת[?]

Es möge bewahren und schützen Ḥilleṣ-Ba'al
S. Arišat-Ba'al.

Eben darauf:

שמר נצר

הלצבעל בנ א[ר]׳

Es möge schützen und bewahren
Hilleṣ-Ba'al Sohn Araj's.

Rép. ergänzt in Zeile 2 א|רש׳: peut-être à lire א|רש׳
A(ris)i, forme abrégée de Arisat-Ba'al" (Berger). Sollte
nicht Araj die anzunehmende Form eines Hypokoristokons
sein?

25. Karthago;

Kalksteinplatte, links schräg abgebrochen, 0,20×0,185 m.
Gefunden von Delattre 1897, jetzt im Musée Lavigerie.

Héron de Villefosse und Vogüé in Comptes rendus 1898, p. 99.
Berger ib. p. 135. Clermont-Ganneau, ib. 1898, p. 233, id. Recueil
d'archéol. orient. III p. 5. 186. Berger, Revue d'assyriologie V. p. 10
bis 25. Lidzbarski, Ephemeris I p. 18. Berger in Musée Lavigerie,
p. 33. Winckler, Altorientalische Forschungen II, S. 540. Halévy,
Revue Sémitique 1900, p. 78. Répertoire Nr. 17.

— 24 —

1. לרבת לעשתרת ולתנת בלבנן מקדשמ הדשמ במ בל אש בן]מ .

. . . .

2. יחהרשית אש במקדשמ אל זדל מלבת החרצ ידל בל מנמ א|ש .

. . . .

3. ידל בל מנמ במאזנמ המקדשמ אל ידל העלמ אש על פנ המקדש]מ
. . . . אל

4. אש יבא עלת החרו ש מקדשנ אל בנ ש הגר השמרת לתר הא

. . . .

5. אדרנמ ועד צערנמ למ בירח חיר שפטמ עבדמלקרת ' . . . . . .

. . . .

6. י שפטמ שפט זתנא בנ אדנבעל ירב עבדמלקרת בנ מנג בן| . .
['. . . . .

7. תג בנ עבדלאי במ בעלירג בנ אשמנפלס יעבר ארש בנ עבד . . .
[ב] . . . .

8. ג עבדמלקרת הרב זרב בהגמ עזרבעל בנ שפט רב בה]גמ . . . .
[בנ בג] . . . .

9. לשלב רב בהגמ ובעל חרש עבברמ הפלס בנ הגבעל

1. Den Herrinnen 'Aštart und Tanit vom Libanon neue
Heiligtümer sowie alles, was in ihnen ist . . . .

. . . .

2. und die ḥ r t j t, welche in diesen Heiligtümern ist
(sind?) und die Kosten (?) für die Arbeit in Gold (Bild-
hauerarbeit?) und die Kosten (?) für alles mögliche,
das . . . .

3. und die Kosten für alles mögliche, bei ihrer Ausführung (?) dieser Heiligtümer, und die Kosten der
Stufen (?), welche sind vor diesen Heiligtümern . . .

. . . .

4. welche(r) kommt (kommen) zu dem ḥ r z der Heiligtümer sowie dem umfriedeten Raum zu ? ? . . . . . .

. . . . von]

5. ihren grossen samt ihren kleinen. Angefangen vom
Monat Hijjor, unter den Suffeten 'Abd-Melḳart und
. . . . bis]

6. Suffeten waren Šofeṭ und Hanno. Sohn Söhne?) Adoni-Baʿals; und rab war ʾAbd-Melḳart Sohn Magos S. . . . .

7. jatan S. ʾAbd-leʿaj S. Baʿal-jatan S. Ešmun-pilles, und ʾabd war ʾAriš S. ʾAbd- . . . .

8. S. ʾAbd-Melḳart; und Oberpriester war ʾAzar-Baʿal S. Šofeṭs, der Oberpriester, S. . . . . S. Baʿal-]

9. -šilleks, des Oberpriesters; und Zunftmeister (?) war ʾAkbarim, der Baumeister, S. Hannibals.

1. בלבנ „Tanit vom Libanon". (ב = von) Wi. Lidzb. nimmt an, dass בלבנ der Name des Berges (Z. 4) sei, auf welchem das Heiligtum stand. Doch soll offenbar die בלבנ תנת der פ בעל תנת entgegengesetzt werden, es handelt sich also um einen Doppelnamen der gleichen Art. ב als Abkürzung von בעלת zu fassen, ist wohl vorläufig zu gewagt, würde aber jede Schwierigkeit lösen. Cl.-G. vergleicht Λευκος „weiss" den alten Namen von Τυνης (Tunis). Es hat jedoch kein Bedenken, anzunehmen, dass einer Tanit von Libanon auch auf karthagischem Gebiete ein Heiligtum errichtet wurde.

2. W. ergänzt 1 [und die Hölzer (עצם)], sodass הטרית das kleinere Holzwerk bezeichne. Lidz. „Skulpturen", doch werden diese (vergl. Inschrift von Byblos etc.) als חרש bezeichnet. דל¹) nach W. assyrisch dullu „Leistung, λειτουργια". Vielleicht ist dann vorzuziehen : Die Kosten für die Steinmetz-Arbeiter (מכב concret, wie ממלכ = König?) und die Kosten für jeden, der . . . . und die Kosten für jeden bei ihrer Ausführung (?),

¹) Wenn sich das bestätigen sollte, so stellt Winckler zur Erwägung Nr. 224 (Karthago 10) zu fassen: הר : הבנ בת הל : בעמם מרת הזה : ויגש האם בעמ אש לעהרפתם „es haben neu gebaut diesen matbaḥ, „ein Werk (= im Kostenpreis) von zehn paʿamîn die Männer, welche sind über die Heiligtümer". עצ müsste dann das Wortmaass (wie Talent, Mine) sein.

מנמ alles was, wie assyrisches minma min ma ist wohl sicher bei Esmun'azar, Tabnit und als מאנ in Nerab II. (Lidzbarskis Wiederheranziehen von „Gefäss", wird gleichwohl von Rép. zur Erwägung gestellt). Wenn man die andere Fassung vorzieht, so wäre es nicht neutrisch, sondern masculin, also ‑ assyr. man ma, mamma zu fassen.

3. מאנמ inf. mit suffix plur. Wi. — Wenn man Z. 2—3 auffasst, wie unter 2, erörtert, so könnte man das stets schwierige עלי fassen als: die Kosten für alle, welche hinaufziehen (Prozession). Dem widerspricht aber wohl das כנ, auch ist es nicht ohne Bedenken, dass ein Heiligtum irgend welche Kosten zu einer Prozession beisteuerte. Der Zweck der Prozessionen ist ja im Gegenteil, ihm Einkünfte zu verschaffen

4. הר vergleichen Wi. und Derenbourg (Rép.) mit arab. حرّ. Wi.: = ἄδυτον, doch ist עלי wohl die Präposition, nicht „camera"; הרו allein würde auch genügen, um den Begriff ἄδυτον auszudrücken. הגר Wi. nach dem arabischen, als „umfriedeter Raum" und dementsprechend שמירת als Adjectiv dazu. Die letzten Buchstaben der Zeile bleiben dann aber schwierig.

5. לכ muss bedeuten; „von—an", auch kann man fassen: „Datum", sodass es allgemein für die ganze Reihe aller folgenden Daten gilt. Das ist vielleicht vorzuziehen, als es nur auf das zwischen 5—6 zu ergänzende ידי zu beziehen.

6. י ist Rest eines Monatsnamens (Li.), der freilich unbekannt wäre (!) oder von ידי, wo die plene-Schreibung (vergl. עד in 5) Anstoss erregt.

7 עבד als Verbum, entsprechend dem רב, Wi.

8. בעל חרש ist nicht die Bezeichnung des Leiters des Baues, sondern allgemeines Datum wie die übrigen. Der בעל הרש wäre der oberste Zunftmeister, sodass die Spitzen der staatlichen Behörden, (Geschlechter),

der Priesterschaft, und der Zünfte (Bürgerschaft) genannt wären.

26. Karthago.

Berger in Comptes rendus de l'Ac. 1901. p. 268. Rep. Sém. Nr. 183.

לי כב מ אחא . . . .

אש פער בב

2. ‏[ר‏ . . . . ‏ירבי ברשמיה

בדבב על

3. . . . . ‏[לם ביהה‏] . . . ‏ם ‏שפטב ‏בדמלקרת ‏ירתלקדר ‏יתחתלש

4. . . . . ‏בב ‏פנפא ‏עבדאשמן ‏בב

גרמלקרת

5 . . . . ‏‏[ר ‏מבנאם על ‏המלבב ‏ו ‏בנכ ‏ בב

בעלשלב

6. ‏בב‏] . . . . ‏בב ‏בעלי‏[חב ‏יהמלב ‏בב ‏בעלמלב ‏בב ‏אדנבעל ‏בב

7. . . . . . . ‏אדנבע‏[ל ‏בב ‏בדמלקרת ‏בב ‏אדנבעל ‏בב ‏חמל‏[לב‏]

8. ‏ירב ‏כהנם‏] . . . . . . ‏בב‏] ‏שפט ‏בב ‏גרכבן ‏רב ‏כהנם . . . . . .

. . . . ? wie alles, was sie thaten an

2. [diesem Hause (?) . . . . und ? ? ? ?

3. . . . . im Monat . . . der Richter Bod-Melkart und Melkart-ḥilleṣ

4. [und rab war . . . . ben Pnpo, und ʿabd war (? Abd-)Eśmun ben Ger-Melkart

5. [ben . . . . und] gesetzt über dieses Werk Mago ben Baʿal-śillek

6. [ben . . . . ben Baʿal-ja]tan und Ḥi-melek ben Baʿal-melek ben Adoni-Baʿal ben

7. [Ḥi-melek?] und Adoni-Baʿal ben Bod-Melkart ben. Adoni-Baʿal ben Ḥi-melek:

8. und Oberpriester war . . . . . . ben Śofeṭ ben Ger-soken der Oberpriester.

1—2. Rép. will mit Clermont-Ganneau ein neues Wort בב annehmen, weil in der Inschrift Zeilen- und Wortende stets zusammenfalle. Sonst ergiebt sich die Ergänzung [ז ־]בב ungezwungen.

4. Im Anfang von Z. 4 muss das Verbum gestanden haben, welches die Beamtenthätigkeit angab, darauf der Name des Beamten, dessen Genealogie mit פנא endete. Da der folgende Name mit · angeknüpft ist, so müsste das Verbum im Plural gestanden haben, das für zwei gelten würde. Das Verbum könnte nur רב sein. Dann legt Nr. 25,7 den Gedanken nahe, dass auch hier עבד als Verbum gemeint und vom Steinmetzen dass folgende עבד von עדבאשמנ ausgelassen worden ist. Daraus würde dann weiter folgen, dass in Z. 7 ein dritter als מטנא על המלכח genannt gewesen sei, und zwar würde dieser, wenn wir am Schluss von Z. 7 [ב]מל statt [ר־ר]מל des Rép. ergänzen, zur selben Familie gehört haben, wie sein an zweiter Stelle genannter Kollege.

8. Der Vater des Oberpriesters (Šofeṭ) heisst ebenso wie der des in Nr. 25,8 genannten ('Azar-Ba'al): dort ist keine weitere Genealogie gegeben

27. Karthago.

Berger in Comptes rendus etc. 1901 p. 168. Rép. Nr, 239.

קבר שפט הרב בנ אשמניתנ בנ גרמלקרת בנ אדנבעל

Grab Šofeṭ's, des rab, Sohns Ešmun-jatan's, Sohns Gêr-Melḳart's Sohns Adoni-ba'als.

28. Karthago.

Berger in Comptes rendus etc. 1901 p. 168. Rép. Nr. 240.

קבר עבדמלקרת
פעל תעליח

Grab 'Abd-Melḳart's
des Fabrikanten von ta'lijôt.

29. Henchir-Alaouin (Tunis).

Berger und Cagnat in Comptes rendus 1899, p. 19. Lidzbarski Eph. I S. 43. Répertoire Nr. 79. Altar oder Säulenbasis. Schrift der Übergangszeit zum Punischen angehörig (1. Jahrh. v. Chr.).

6. הבימה ה[ז ים קנדסא בערקן פרט
7. מבא ה[רפא ית שפטם עבדמלקרת אדנב[על]

Q[uintus) Marci[us	1
Protomacus [medicus	2.
facta .[1] M. COS . M	3.
Κοϊντος Μαρκιο[ς Πρωτο	4
μαχος Ηρακλειδου ιατρος.	5.

Die[sen Altar] hat gestiftet Quintus Marcius Proto-
[machus, der] Arzt; im Jahre der Suffeten 'Abd-Melkart und Adoni-Ba'al.

----

[1] Rest von L

Druck von Max Schmersow vorm. Zahn & Baendel, Kirchhain N.-L.

Beiträge

zur

Altertumskunde des Orients.

Von

Wilh. Dr. Freih. v. Landau.

IV.

Eine Inschrift aus Heldua. — Tammûz. — Tanit pnê-ba'al.
Eine Gemme. — Worterklärungen.

Leipzig.
Verlag von Eduard Pfeiffer.
1905.

Eine Inschrift aus Heldua.

Die grossen Phoenizierstädte haben alle ungefähr eine
Tagereise (7—9 Wegstunden) auseinandergelegen. Wenn man
die Küste von Arvad bis nach Jaffa hinabzieht, so kann man
sein Nachtquartier immer in einer der alten Königstädte
nehmen; so viele Tagereisen lang, so viel Königreiche hat das
Land der Phoenizier zeitweise besessen. Das giebt einen Anhalt
für die Bestimmung der Dichtigkeit der Bevölkerung und
für die wirthschaftspolitischen Verhältnisse, welche sich aus
der Natur des Landes ergeben mussten. Das Hinterland ist
nicht sehr ausgedehnt, da das von der Küste aus beherrschte
Gebiet nicht über den Kamm des Libanon hinausreichen
konnte. Das ist uns ausdrücklich bei Tyrus bezeugt, wo ja
wenige Stunden im Hinterland schon das israelitische Gebiet
begann, trotzdem hier das Gebirge bereits niedrig ist und
deshalb noch nicht eine so verschiedene Welt darstellt wie
im Osten von Sidon oder gar von Beirût, Byblos, Arvad.
Der Küstenstrich mit seinem wenige Stunden in's Gebirge
hinaufreichenden natürlichen Hinterland — das man sich also
ungefähr so breit vorstellen kann, wie die gewöhnlichen Fluss-
läufe des Libanon lang sind — muss so bevölkert und bebaut
gewesen sein, dass es den Rückhalt für die Entwicklung einer
besonderen Hauptstadt innerhalb eines so wenig ausgedehnten
Gebietes bot. Mögen wir uns immerhin vorstellen, dass die
grossen Phoenizierstädte die Hauptquelle ihrer Macht und
ihres Wohlstandes im Handel fanden, so muss doch der Anfang
einmal aus den engeren Bodenverhältnissen heraus gemacht
worden sein, und es sind zu allen Zeiten immer wieder dieselben Städte gewesen, welche die führende Rolle gespielt
haben.

1 ·

Den Küstenstrich mit den für die Bebauung brauchbaren Abhängen des Gebirges muss man sich also als sehr blühend vorstellen; und wenn jetzt dort, wo eine etwas geordnete Verwaltung herrscht, sich schnell eine neue Blüte des Landes entwickelt, so verhält sich doch der Anblick, den der dicht mit Ortschaften besäete Westabhang des Libanon mit seiner sorgsamen Bodenbewirtschaftung heute bietet, so zu dem Anblick, den der phönizische Landstrich im Altertum geboten haben muss, wie ein antiker Tempel oder Palast zu einer maronitischen Kirche oder einem modernen Regierungsgebäude.

Einem solchen Bilde entspricht auch das Vorhandensein zahlreicher kleiner Städte im Gebiet der Hauptstädte, die nach dem heutigen Landesbilde sehr leicht nur als Mittelpunkt von Dörfern erscheinen könnten. Sowohl auf dem Gebirge als auch im Küstenstrich selbst haben auf den kurzen Strecken zwischen den Hauptstädten im schmalen Küstenlande noch Ortschaften gelegen, welche die Rolle von nicht unbedeutenden Provinzialstädten spielten. So Simyra südlich von Arvad, Batrûn mittwegs zwischen Tripolis und Byblos. Es ist bezeichnend, dass dort, wo in diesem Gebiet die Vorbedingungen für einigermassen geordnete Lebensbedingungen gegeben sind, also im Libanongebiet, bereits sich die Ansätze zu einer gleichen Erscheinung zeigen. Zwischen Beirût und Gebêl (Byblos) entwickelt sich der Libanonflecken Guni bereits zu einer selbständigen Ortschaft und wenn der Plan der Libanonverwaltung, dort einen Hafen anzulegen, nicht an leicht erkennbaren, jedenfalls weder im Interesse des Landes noch dem des europäischen Handels liegenden Gründen gescheitert wäre, so herrscht nur eine Stimme, dass der Alles überragende Einfluss von Beirût als einzigem (in den Händen einer Gesellschaft befindlichen) Hafen gebrochen worden wäre. Die Hafencompagnie von Beirût wäre die einzige leidtragende gewesen.

Man wird sich vorzustellen haben, dass das Altertum nicht weniger umsichtig im Gebrauch seiner Machtmittel war. Die Hauptstädte haben ihr „Mutter"-Recht zweifellos den

„Töchtern" gegenüber ebenso geltend gemacht und ihnen
das Hafenrecht durch die Möglichkeit, selbständig Handel zu
treiben, vorenthalten. Das haben wir wohl uns als den mass-
gebenden Unterschied zwischen einer Haupt- und einer
Provinzstadt in Phoenizien vorzustellen, wo schliesslich der
Handel die Hauptquelle des Reichtums war, und wo das
absolute Recht der Staatsgewalt — gleichviel ob sie
königlich oder hierarchisch oder republikanisch war — eben
das des freien Handels und der Veranstaltung von Handels-
unternehmungen war[1]). Oft mag die Entstehung solcher
Städte auch begünstigt worden sein durch das Bedürfnis
der einzelnen „Königreiche", ihre Grenzen gegen die Nachbarn
durch einen festen Platz zu verteidigen, wenngleich der
Regel nach solche Verteidigungswerke nur erst dort zweck-
mässig errichtet werden konnten, wo bereits die Ortschaft vorhanden war. In der islamischen Zeit mit ihren Kreuzfahrer-
nöten sind die Festungen an der Küste mannigfach empor-
gestiegen.

Seit lange weiss man, dass am Wege von Beirût nach
Sidon, etwa 2½ Stunde von Beirût entfernt, eine dieser Pro-
vinzstädte gelegen haben muss.[2]) Beim blossen Vorüberziehen
auf der hier von mässig hohen Bergen ziemlich dicht ans
Meer gedrängten Strasse sieht man auf dem Bergabhange
die Spuren einer ausgedehnten Nekropole. Grabhöhlen —
ein hier an der Küste sehr gewöhnlicher Anblick — und
offen zu Tage liegende Steinsarkophage zeigen sofort, dass
hier einmal die Stelle einer nicht unbedeutenden Ansiedlung
gewesen sein muss.

[1]) Vgl. Winckler, Die Gesetze Hammurabis zu 12, 39.

[2]) Renan, Mission de Phénicie p. 515, ist der Meinung: »le site
n'offre pas d'assise pour une ville; les temples en Phénicie sont pres-
que toujours entourés de somptueux tombeaux. A Khan Khaldi, comme
en plusieurs autres endroits, à Adloun par exemple, il y a dispro-
portion totale entre la nécropole et l'importance que la ville a pu
avoir.« Das letztere ist zweifellos richtig, jedoch hat man sich wohl
vorzustellen, dass selbst ein Heiligtum mit einer solchen Nekropole
nicht denkbar war ohne eine daneben bestehende Ansiedlung von

Eine Ortschaft von irgend welcher Bedeutung befindet sich jetzt nicht dort. Nur ein Chân und die Behausung eines Eigentümers, der hier einen Garten — der Reichtum eines jeden Grundbesitzers in dieser Gegend — bebaut, steht auf der Stelle, wo einst eine ganze Stadt, auf allerdings sehr schmalem Küstensaume, gelegen haben muss.

Die jetzige Fahrstrasse, welche hier den alten Weg verfolgt, führt deutlich mitten durch das ehemalige Stadtgebiet hindurch. Östlich von ihr, also auf der Gebirgsseite, ist noch Mauerwerk feststellbar und auf der Westseite nach dem Meere hin steht die Ruine eines Castells aus spätmittelalterlicher Zeit, offenbar an der Stelle, wo wir uns auch den Hauptplatz der alten Ansiedlung zu denken haben. Die Stelle wird jetzt Chân el-ḥalde genannt und man hat darin das alte Heldua erkannt.[1]) Trotzdem die Stelle so leicht erreichbar ist und in einer verhältnismässig gut bebauten Gegend liegt, waren bis jetzt keinerlei Spuren zu Tage gefördert worden, welche auf die vorklassische Zeit zurückgingen. Nur Einzelheiten aus römischer Zeit waren gefunden worden[2]) und auch die Überreste der Nekropole haben keine älteren Denkmäler geliefert.[3])

einiger Bedeutung, für welche doch wohl die Existenz von Heldua in spätklassischer Zeit spricht. Schliesslich kann Phönizien nicht nur von Tempeln ohne weitere Ansiedelungen bedeckt gewesen sein. Verlockend wäre es allerdings, hier das Asklepieion Strabos (Mitteil. VAG. 1904,5 S. 11) zu finden, das hier wenigstens näher am Tamyras sein würde (eine Stunde nordwärts). Vgl. übrigens unten S. 9 über »Priester«.

[1]) Renan, Mission de Phénicie p. 515, wo die ältere Litteratur angegeben ist.

[2]) Auch ich besitze einige Thonlampen aus klassischer Zeit und ein Glasstück, die von dem oben erwähnten Grundeigentümer an Ort und Stelle gefunden worden sind. Winckler sah ein Stück einer lateinischen Inschrift mit Resten von drei wenig leserlichen Zeilen, deren erste INANI zu lauten schien.

[3]) Renan a. a. O.: Les tombes de Khan Khaldi sont grandioses et imposantes; et pourtant les plus belles d'entre elles sont d'une médiocre ancienneté.

Die Ruine von Chan el halde. s. 6.

Die Ruine steht über Mauerwerk aus alterer Zeit und dicht bei ihr, nicht weit vom Meere, befindet sich ein alter Brunnen. In diesem Teil der alten Unterbauten ist beim Graben nach Bausteinen ein Stein mit einer phoenizischen Inschrift gefunden worden, der sich jetzt in meinem Besitz befindet. Er stellt das erste Denkmal dieser Stätte aus phoenizischer Zeit dar und beweist trotz der Geringfügigkeit des erhaltenen Teiles der Inschrift die Blüte dieser Ortschaft in phoenizischer Zeit:

Es ist ein Sandstein von 0.29 m Höhe und 0,16 m Dicke, jetzt 0,50 m Länge, Höhe der Buchstaben 0,10 m. Am linken Ende ist er schräg abgeschnitten, hieraus wie auch aus dem übrigen Ausschn ergiebt sich ohne weiteres, dass er von einem grossen Steinblock abgeschlagen worden ist, um als Baustein zu dienen. Es ist aber zweifellos, dass er ganz so aus einem grossen Block herausgearbeitet worden ist, wie man das noch jetzt mit den Steinblöcken des Eśmun-Tempels in Bostán-el-Śèḫ tut, die in mehrere Teile zerschlagen als neue Bausteine dienen müssen.

Der Stein ist also in seiner jetzigen Gestalt in dem Mauerwerk, das tiefer als die jetzige Ruine liegt, als Baustein verwendet worden. Welcher Zeit dieses angehört, ist nicht klar, vermutlich aber schon einer nachklassischen.

Die Inschrift ist in jeder Beziehung eine Seltenheit. Nicht nur, dass sie die Einzige ihres Ursprungs ist und die Blüte des alten Heldua in vorklassischer Zeit erweist, auch auf Sandstein und mit so grossen Schriftzeichen hat der Boden Phoeniziens noch keine Inschrift von sich gegeben. Was wir bis jetzt haben, ist meist auf Marmor und in recht kleiner Schrift geschrieben — wenn man von den aus Aegypten geholten Sarkophagen Tabnits und Eśmun-azars absieht.

Selbst die Inschriften von Bostán-el-Śèḫ sind nicht in so grossen und tiefen Schriftzeichen eingehauen, trotzdem dort dasselbe Material verwendet worden ist. Allerdings waren diese ja auch nicht dazu bestimmt, gelesen zu werden, sondern im Mauerwerk verborgen.[1]) Ich lese die Inschrift:

. . . . . . רבד עמש
. . . . . . ןהכה א

„Es spricht Abd- .   .
Der Priester ? .   .   .

Zur Lesung ist zu bemerken: Das ר am Schluss der ersten Zeile kann wohl als sicher gelten, der Grundstrich ist völlig erhalten. Das א am Schluss der zweiten ist zweifelhaft. Die Schriftzeichen sind tief und sicher ausgeführt. Das Alter der Inschrift darnach zu bestimmen, halte ich für misslich,[2]) jedoch möchte ich sie keiner zu jungen Zeit zuschreiben. das ר zeigt einen Grundstrich, der schon fast so lang ausgezogen ist wie der des ד, dasselbe ist aber bei den Inschriften Bod-Astarts der Fall. Das ע zeigt nicht die Form, die sonst in Sidon vorliegt, sondern die von Cypern, Karthago, Marseille bekannte. Merkwürdig und neu ist das ה mit nur zwei Querstrichen.

Es kann nicht zweifelhaft sein, dass wir den Anfang der Inschrift haben. Die Ausdrucksweise „spricht" deckt sich mit der bei Ešmun-ʿazar, wo nach dem Datum ebenso begonnen wird. (Auch die Achaemenideninschriften beginnen ebenso.) Daraus ergiebt sich, dass das nächste Wort den Eigennamen — also Abd- . . . — enthalten haben muss. Es fragt sich, wieviel von den Zeilen fehlt. Die Verteilung der Buchstaben führt darauf, dass wir nicht zu viel Zeichen in einer Zeile annehmen dürfen; denn die Grösse eines Steinblocks war schliesslich beschränkt. Die vom Asklepieion in Bostan-el-šêḫ sind etwas über einen Meter lang und stellen schon recht ansehnliche Maasse dar. Man wird danach sehr wohl anzunehmen haben, dass das ןהכה der zweiten Zeile tatsächlich den Titel des Sprechenden bildet, dem nur der Name, und dieser doch notgedrungen mit der Abstammungsangabe vorausging; also:

„Es spricht Abd- . . . . Sohn von . . ,
der Priester . . . .

---

[1]) Mitteil. VAG. 1094/5, S. 16.   [2]) Vgl. ebenda S. 24.

Inschrift aus Heldua. s. s.

Im Ganzen würden dann bei Annahme doppelgliedriger Namen von je sechs Buchstaben hinten am Ende 3 2 6 11 Zeichen fehlen, was auch eine der natürlichen Vorstellung von der Grösse des ursprünglichen Blockes entsprechende Länge der Zeile ergeben würde.

Wichtig ist, das hier der „Priester" als der Urheber der Inschrift und damit als der Vertreter der obersten Gewalt am Ort erscheint; denn es handelt sich nach der Art der Ausstattung zweifellos um eine offizielle Inschrift, deren Setzung einen Verwaltungsakt bedeutet. Wir müssen uns also vorstellen, dass im alten Heldua „der Priester" die Regierungsgewalt ausübte. Der Ort muss demnach seine eigene Verwaltung gehabt haben, er stand nur im Tributverhältnis zur Obergewalt — ob das nun ein König von Sidon oder ein grösserer Herr war — und war in seinen inneren Angelegenheiten selbständig.[1]

Unter der zweiten Zeile ist der Stein abgeschnitten. Es ist zweifellos, dass die Inschrift noch mehr Zeilen gehabt haben muss, da — namentlich bei unserer Voraussetzung über die Länge der Zeilen — in den nicht über 20 Schriftzeichen, welche eine Zeile enthielt, nicht viel ausgesagt werden konnte. Eine dritte und vierte Zeile werden wir also auch als verloren voraussetzen müssen, viel mehr aber mit Rücksicht auf die Buchstabengrösse kaum. Man vergleiche dazu die Zeilenzahl der Bod-Astart-Inschriften.

---

[1] Vgl. hierzu die oben S. 5, Anmerk. 2 besprochene Meinung Renans, dass in Heldua nur ein grosses Heiligtum gestanden habe und die ebenda angeregte Frage von dem Verhältnis zu dem (sonst am Nahr auli zu vermutenden) Asklepieion Strabos.

Tammûz.

Die verschiedenen Landschaften Phoeniziens sind durch die grossen Städte bezeichnet. Wir können wohl jetzt die Anschauung als nachgewiesen betrachten, welche die einzelnen Hauptstädte und Landschaften ebenso ansieht wie die grossen babylonischen Kultusmetropolen, und in ihren Tempeln den Sitz von Götterlehren findet, welche bezwecken, den Kult des Genius loci in ein grosses Weltsystem einzureihen, um natürlich seine Rolle dann als die maassgebende zu verherrlichen. Die Kultfeierlichkeiten, die Feste sind die Darstellungen der wichtigsten und entscheidenden Punkte der Phasen der Betätigung und der Wirksamkeit des Gottes im All oder der Natur. So müssen wir uns vorstellen, dass in Tyrus eine auf Melkart, in Sidon eine auf Ešmun zugespitzte Götterlehre galt, deren Grundgedanken aber immer wieder dieselben sind.

Für Byblos ist uns der Kult der Baʿalat bezeugt, welche naturgemäss eine Astarteerscheinung darstellt. Damit ist nicht viel gesagt, denn das, was Astarte oder babylonisch Istar genannt wird, ist ja nichts anderes als das weibliche Princip überhaupt, welches bei den meisten der semitischen Völker für gewöhnlich mit dem Namen der Venusgottheit bezeichnet wird.[1] Da im grossen Göttersystem nur ein weibliches Princip besteht, so ist also jede Verehrungsform einer weiblichen Gottheit eine Astarte, eine Istar.

Nach dem Schema soll die Form, unter der eine Gottheit erscheinen kann, stets auf eine der grossen drei Gestirngottheiten oder auf eine ihrer Viertelerscheinungen zurückgeführt werden können. Es soll entweder Mond, Sonne oder Venus oder einer der übrigen Planeten sein, welche dem einen

---

[1] Winckler in „Zeitschrift der deutschen morgenländischen Gesellschaft" 1900 S. 414.

Viertel vom Mond, Jahresumlauf der Sonne oder Venus entsprechen. Die drei grossen sollen aber in ihren Wesen local
wechseln: sie sollen den ganzen Gottheitsbegriff in sich fassen
und je nach Ort und Zeit soll eine oder die andere Seite her-
vorgekehrt, besonders verehrt werden.[1]) So wird das Wesen
der Gottheit also in jedem der drei völlig verkörpert gefunden,
im gegebenen Fall wird nur an einem bestimmten Ort, einem
Tempel, die eine Seite besonders betont, die Gottheit also dort
unter dieser Form besonders verehrt.

Die Ba'alat von Gobal[2]) könnte als Hauptgottheit eines
Landes, ebenso sehr als Mond wie als Sonne wie als Morgen-
sterngottheit dargestellt werden, wobei selbstverständlich
zu berücksichtigen wäre, dass sie auch andere Teile des

[1]) Winckler, Altorientalische Forschungen III, S. 276. Jeremias
ATAO, S. 26.

[2]) So ist meines Erachtens der Name zu vocalisiren (vgl. bereits
Heft 2 dieser Beiträge in der Uebersetzung der Inschrift Jehaw-meleks);
denn nur aus dieser Form erklären sich die verschiedenen Wiedergaben
des Namens. Zunächst hat Hesychius die Glosse: gobal heisst der
Berg bei den Phoeniziern, und im Assyrischen wird deshalb wenigstens
in den doch zunächst in betracht kommenden Königsinschriften (vgl.
jedoch unten) Gubli geschrieben. Auch die moderne Form des Orts-
namens erklärt sich daraus, denn diese lautet gebél, was wie Glaser
richtig erklärt nur die Form ist, in welcher ein gebäl an der syrischen
Küste (â = ê im dortigen Dialekt) ausgesprochen wird (die Länge des
á erklärt sich leicht durch den Ton), diese Form wird aber in der heutigen Schrift mit j geschrieben und dann selbstverständlich grammatisch
als gubal gesetzt, also in Deminutivform. Das muss schon frühzeitig
der Fall gewesen sein, denn bereits im Itinerarium Hierosolynitanum
von 333 begegnet der Name als alcubile, d. i. al-gubail (Ritter, Erd-
kunde XVII, S. 599, vgl. Pietschmann, Geschichte der Phoenizier, S. 48,
Anm. 2). Das erklärt sich nur, wenn noch damals die erste Silbe mit
u oder o gesprochen wurde. Wahrscheinlich hat man anzunehmen, dass
die Aussprache des á als ê an der syrischen Küste nicht erst eine Erscheinung des Arabischen ist, sondern bereits der älteren Bevölkerung
eigen war, denn Erscheinungen der Aussprache scheinen oft an der
Gegend zu haften und sich — wie natürlich durch Vererbung bei
der Mischung der Bevölkerung — durch verschiedene aufeinander-
folgende Sprachschichten hindurch zu behaupten (vgl. Winckler, Forschungen II, S. 526). Die Araber fanden also bereits die Aussprache gebél

Weltalls und des Naturlebens darstellt, welche der betreffenden
Gestirngottheit im grossen System besonders eignen.[1])
Ueber den Kult von Byblos sind wir durch einige glück-
liche Zufälle verhältnissmässig besser unterrichtet als über den
der anderen grossen Phoenizierstädte. Wir haben namentlich
die Angaben bei Pseudo-Lucian de dea Syra und wir haben
ihre Darstellung auf der Stele Jehawmeleks.

Wenn sie hier rein aegyptischen Charakter in der äusseren
Gestalt zeigt, so hat das jetzt nichts Auffälliges mehr bei uns.
Wir haben unter dem wenigen, was wir von Denkmälern aus
phoenizischer Zeit haben, doch genug, um zu wissen, dass
es Zeiten gegeben hat, wo eine fast rein aegyptische Kunst
in Phoenizien geherrscht haben muss und grade Byblos scheint
diesem Einfluss in hervorragendem Maasse unterstanden zu
haben, denn alles was dort aus älterer Zeit gefunden worden
ist, ist rein aegyptisch.[2]) Damit steht im denkbar schönsten
Einklang die Angabe bei Pseudo-Lucian, dass die Tempellehre von Byblos den Kult der Baʿalat mit dem von Osiris in
Zusammenhang gebracht hat:

Ich sah in Byblos das grosse Heiligtum der Aphrodite von Byblos[3]),
wo man auch die Orgien für Adonis feiert. Auch diese habe ich gesehen. Man erzählt nämlich, dass die Sache mit Adonis und dem Schwein
in ihrem Lande geschehen sei und zur Erinnerung des Unglückes trauern

oder ähnlich vor und fassten das natürlich als gubail, namentlich im
Gegensatz zu dem nördlichen Gabala. Demgegenüber wird die griechische Vocalisation Byblos — wenn sie nicht durch irgendwelche
andere Anklänge (das aegyptische Byblos könnte das frühere sein!) veranlasst ist, vielleicht mit einer keilinschriftlich uns bezeugten Schreibung Gi-bal-ai (Mitteilung Wincklers, dessen Sammlung von Keilschrift-
texten II, S. 64, K. 2646 des British Museum) zusammen zu stellen
sein. Es könnte die Aussprache darstellen, welche sonst in Phoenizien
herrschte, denn wir haben ja im nördlichen Phoenizien einen anderen
Dialekt als im südlichen.

[1]) Ebenda S. 189. Jeremia ATAO S. 38.
[2]) Vgl. Mitth. VAG 1904/5, S. 66, Anm. 1 und überhaupt das
dort Ausgeführte. Ferner die ebenda auf Tafel XIV, ff. und 1095, 1
Tafel — veröffentlichten Fayencefiguren.
[3]) Die Baʿalat-Gobal.

und klagen sie jedes Jahr und feiern die Orgien und es ist ein grosses
Leidwesen im ganzen Lande. Wenn sie aber damit fertig sind, dann
opfern sie zunächst Adonis, weil er gestorben sei, am nächsten Tage
aber sagen sie, dass er wieder lebe,[1] und veranstalten Umzüge ins Freie
und scheeren sich den Kopf wie die Aegypter beim Tode des Apis. Die
Frauen aber, die sich nicht scheeren wollen, müssen folgendermassen
sich loskaufen: an einem bestimmten Tage nehmen sie Aufstellung zum
Verkauf ihrer Jungfrauenschaft. Kaufen aber können sie nur Fremde
und der Erlös wird als Opfergabe für Aphrodite gegeben. Einige von
den Bybliern sagen aber, der aegyptische Osiris sei bei ihnen begraben und die Trauerfeierlichkeiten und Orgien würden nicht für
Adonis, sondern für ihn veranstaltet. Ich will auch sagen, warum das
glaubwürdig erscheint. Jedes Jahr kommt aus Aegypten nach Byblos
ein Kopf geschwommen, der den Weg zu Wasser in sieben Tagen zurück-
legt und den die Winde mit göttlicher Leitung treiben. Er wendet
sich nicht ab vom Wege, sondern kommt nur nach Byblos. Das Ganze
ist ein Wunder[2] und geschieht jedes Jahr und geschah auch, als ich
in Byblos war. Ich habe auch den Kopf gesehen.

Nach der herkömmlichen Betrachtungsweise würde man
namentlich mit Rücksicht auf die aegyptische Gestalt der Ba'alat
der Jeḥaw-melek-Stele einfach auf einen rein aegyptischen Ursprung des Kultes etwa in Gestalt einer Herübernahme nach
römischem Muster schliessen. Innerhalb des Orients zunächst
haben wir doch aber jetzt gelernt, die Dinge mit anderen Augen
anzusehen und wenigstens stets zu fragen, was sich die Priesterschaft, die Tempellehre selbst, bei ihrem Kult dachte. Ein Unterschied zwischen Aegyptisch, Babylonisch, Phoenizisch besteht
dabei in der Idee der allgemeinen Anschauung nicht[3], er kann
nur die äussere Form betreffen. Er kann also für die Grund-

---

[1] Also eine Auferstehungsfeier. Diese trägt zunächst den Charakter
einer Ceremonie des Mondkults, da der Mond vor allen das Auf-
erstehungsgestirn ist. Ueber das Haaropfer als zum Mondkult gehörig vgl. Winckler, Altorient. Forsch. III, S. 295 (und Arab.-Sem.-
Or., S. 122).

[2] Solche Wunder gehören zum festen Bestande des Kultes. Das
Herabfallen des Lichtes vom Himmel in der Grabeskirche zu Jerusalem
ist bekanntlich ein Wunder, das das ganze Mittelalter hindurch die
Gläubigen erbaute.

[3] Winckler, Kritische Schriften III S. 89.

anschauung, welche die allgemeine Idee des betreffenden Kultes
darstellt, nichts bedeuten, da diese überall dieselbe ist. Wohl
aber kann er geschichtlich sehr lehrreich sein; denn er erklärt
sich aus der Zeitgeschichte[1]), aus den Zuständen des Landes zu
einer bestimmten Zeit und besitzt also einen geschichtlichen
Wert. Eben das nehmen wir auch an, indem wir aus diesen
Angaben und den wenigen in Byblos gefundenen Denkmälern
eine besonders rege Beziehung der Stadt zu Aegypten folgern.

Nach dem Schema der altorientalischen Religion sollen
wir in den Hauptgestalten des Pantheons vor allem die Züge
der grossen Gottheiten Mond und Sonne suchen, welche dann
vom Kultus in ihren Beziehungen zum Naturleben dargestellt
werden.[2]) Im besonderen herrscht über das Wesen des Tammuz-
kultes kein Zweifel, der Grundbegriff der Gottheit ist durch-
sichtig und zum Ueberfluss wird vom Altertum selbst die
Erklärung gegeben. Tammuz ist der Sonnengott,[3]) in den
beiden Hälften seiner Laufbahn, vom Winter- bis zur Sommer-
hälfte und umgekehrt, und sein Leben und Sterben stellt
demgemäss das auch vom Sonnenlaufe bedingte Leben und
Sterben der Natur dar.

Der Gegenpart der Sonnengottheit soll die Mondgottheit[4])
sein, denn um die Darstellung des Verhältnisses beider zu-
einander soll es sich bei jedem Mythus handeln, da er den
Kreislauf der Natur veranschaulichen soll und da der Kultus,
die Ceremonien der Feste dasselbe bezwecken. Der Gegenpart von Adonis ist Astarte: die Gattin, die ihn verliert und
um ihn trauert, kann danach astral als der Mond dargestellt
werden, denn dieser ist das andere Gestirn, das den Jahresumlauf repräsentirt und das durch sein Zusammentreffen mit der
Sonne im Tagesgleichenpunkt den Gestorbenen wieder hinauf-
führt. Ebenso konnte natürlich der Mythus umgekehrt an-
gewendet werden: der Frühjahrsmond kann in die Unterwelt

[1]) Winckler, Forschungen III S. 185 ff. 287.
[2]) Winckler, Altorientalische Forschungen III S. 275. 290 ff.
[3]) Adonin quoque solem esse non dubitabitur, Macrob. Sat. I. 21.
[4]) Winckler, a. a. O. S. 206. 283.

hinabsteigen (Neumond) oder von den Gewalten der Finsternis
bekämpft werden und die Frühjahrssonne kann ihm zu Hilfe
kommen, ihn befreien.[1]) Das stimmt zum Grundgesetz, dass
Mond und Sonne sich alle Erscheinungen des Himmels- und
Naturlebens verkörpern und dass sie deshalb im Mythus ihre
Rollen vertauschen können, indem sie als natürliche Gegen-
sätze erscheinend sich gegenseitig ergänzen als Tag und Nacht,
als Sommer- und Wintergestirn (Licht und Finsterniss), als
Mann und Weib, Ober- und Unterwelt. Wo im Kult der
sterbende und wiederbelebte[2]) Gott als Mond erscheint, muss
die Gattin die Sonne sein. Osiris ist Mondgottheit,[3]) Isis also
Sonne (und Naturleben). Wenn Tammuz die Sonnengottheit
vorstellt, so muss also Astarte der Mond sein. Die Ba'alat
von Gebal auf der Stele Jeḥaw-melek trägt die Hörner des
Mondes und Pseudo-Lucian sagt — natürlich nach der ihm
gewordenen Auskunft — Ἀστάρτην δ'ἐγὼ δοκέω Σεληναίην
ἔμμεναι.[4]) Er spricht dabei freilich von der Astarte von Sidon:
dass diese aber wesensgleich mit der von Byblos ist, wird
man ohne weiteres annehmen.

Der Frühjahrsmythus kann ebenso gut auf den Mond
angewandt werden, dann vertauschen die beiden Gottheiten in
Mythus und Kult die Rolle. Innerhalb der langen Geschichte
der orientalischen Kulturen haben wir häufig Mischungen verschiedener Kultureinflüsse festzustellen. Die Formen, welche
das Kulturleben in dem einen oder anderen der grossen Staaten
entwickelt hatte — Babylonien, Assyrien, Aegypten und He-
thiter — wurden den einzelnen Ländern durch verschiedene
Eroberungen aufgezwungen und selbstverständlich kam es
dabei zu Austauschen und Vermischungen der verschiedenen
Kultlehren und Festgebräuche — beides identisch! — wie das

---

[1]) Vgl. den Mythus vom Frühlingsmonde bei Winckler, Forschungen III, S. 58. Himmels- u. Weltenbild (Alter Orient III, 2/3), S. 54.

[2]) Vgl. Anm. 9 auf S. 13.

[3]) Stucken in Mitth. VAG., 1903/4, S. 42.

[4]) De dea Syra 4.

bei allen Religionen der Fall ist. besonders bei im Grunde wesensgleichen der Fall sein musste. Es ist ja die Form der Eroberung, dass der Gott des Erobernden eingesetzt wird an Stelle des bisherigen, dabei tritt aber in Wirklichkeit keine Verdrängung, sondern nur eine Verschmelzung ein, wie ja auch zwei Bevölkerungen, zwei Kultureinflüsse sich mischen.[1]) Selbst das Christenthum und der Islam haben in ihren Heiligen und Welis noch den alten Götterkulten eine verschleierte Weiterexistenz eingeräumt.

Besonders im phoenizischen Gebiet ist uns der Einfluss der Eroberung sowohl von Seiten der mesopotamischen wie der aegyptischen Kulten — man muss besser sagen Kultusform — mehrfach bezeugt. Das Reich Sargons von Agade und dann das Hammurabis hinterlassen ihre Spuren im Schriftwesen Phoeniziens und Kanaans, wie es die Tel-Amarnabriefe zeigen. Es schliesst sich die aegyptische Eroberung an, deren Folgen die Tel-Amarnabriefe schildern, und hier wird ausdrücklich von der Einführung aegyptischer Kulte berichtet,[2]) genau so, wie wir es auch voraussetzen müssen bei der Annahme einer nicht gutwilligen Unterwerfung an allen Punkten. Es folgt nach kurzem Zwischenspiel verhältnissmässig freier Entwicklung[3]) die assyrische Eroberung, welche in Syrien, Phoenizien und Kanaan an zahlreichen Stellen assyrische Kulte eingerichtet hat.[4]) Was wir an einzelnen Angaben hierüber haben, muss man sich nach Analogie ähnlicher Ereignisse doch noch als von viel weiter tragender Bedeutung vorstellen. Wenn. worauf wir bereits hingewiesen, im besonderen Byblos zeitweise den Charakter einer aegyptischen resp. einer aegyptisch

---

[1]) Winckler im KAT.[3], S. 16.

[2]) So in Dunib, in Tyrus — siehe Winckler in KAT.[3], S. 163. 195, in Jerusalem KAT.[3], S. 194.

[3]) Winckler, Gesch. Israels I S. 136, vgl. mein „Die Phoenizier" (Alter Orient II, 4) S. 18, 19.

[4]) So in Hamat, Sidon, Samaria. Auf die Bedeutung des Nergal-Kultes von Samaria für den Gegensatz der Samaritaner zum Judentum weist nachdrücklich hin Delitzsch, Babel und Bibel III S. 11.

regierten Stadt getragen hat, so müssen wir uns das Verhältnis zu Aegypten doch wenigstens so vorstellen, wie in der Ptolemäerzeit, wo die Könige von Sidon dem 'adôn melakim unterstanden und sich in aegyptischen Sarkophagen begraben liessen. Das war die Zeit des Hellenismus, wo das Griechische das geistige Verkehrsmittel und gemeinsame Band bildete nach dem Zeugnisse der Tel-Amarnatafeln muss man sich in einer gleichen Rolle und Bedeutung das Babylonische vorstellen. Der Fund der Adapatafel spricht dabei eine besonders eindringliche Sprache für Mythus und Götterlehre. Oder glaubt man, dass die alten Orientalen ein Text- und Sprachstudium betrieben hätten, ohne sich dabei etwas zu denken? Die Zeit der Schrift De dea Syra braucht nicht einmal alte Lehren und Beziehungen für den Zusammenhang des Kultes von Byblos mit Aegypten vorauszusetzen. Namentlich, soweit es sich um eine Deutung durch die Tempellehre selbst handelt, würden die Beziehungen der hellenistischen Zeit vollkommen genügen. Trotzdem ist es, nötig sich klar zu machen, dass die Beziehungen auch in früheren Zeiten und in gleicher Lebhaftigkeit bestanden haben, um den Bann zu lösen, der noch immer auf der Vorstellung vom alten Orient ruht und mit dem erst die Durchführung der Annahme einer gemeinsamen Weltanschauung aufgeräumt hat. Das, worauf es hier ankommt, ist nur der Hinweis, dass die andere Deutung des Kultes von Byblos, welche dem Verfasser der Schrift gegeben wurde[1]), dass die Trauer nicht Adonis, sondern Osiris gelte, nur von der Voraussetzung aus erklärbar ist, dass man die Identität von Osiris und Tammuz-Adonis kannte. Und diese

Es sei wenigstens darauf aufmerksam gemacht, dass bei Annahme eines Zusammenhanges der Lehre des Galiläers Jesu mit dem Samaritertum der Gegensatz zum Judentum auch im Kalender d. h. in der Zeit- und Weltrechnung zum Ausdruck kommen müsste. Das Christentum hat die südliche Weltrichtung, wie sie der Nergalkult (Jeremias ATAO, S. 9) voraussetzen würde.

[1]) Und die auch sonst verbreitet war, sodass der Osiriskult allgemein als mit dem des Adonis von Byblos identisch gilt, s. Jeremias ATAO, S. 256.

2

Identität beruht eben auf dem entwickelten Gesetz, dass der Mythus sowohl von der Sonne als von dem Monde gilt und dass die Verteilung der Figuren zeitlich und örtlich verschieden sein kann, sodass bei der Mischung verschiedener Einflüsse naturgemäss ein Streit der Meinungen entsteht. Solche kultische Verschiedenheiten bedeuten für die altorientalische Weltanschauung genau dasselbe, wie die Streitigkeiten der Sekten innerhalb des Judentums, Christentums, Islams — und aller anderen Religionen.

Die Erklärung des Adonismythus, wie ihn noch Macrobius giebt, ist eine genaue Bestätigung der Formel, wie sie aus den Keilinschriften und der babylonischen Lehre zu erschliessen war. Das Reich Nebos von Borsippa reicht vom Sommer- bis zum Wintersolstiz und das Marduks von Babylon vom Winter- bis zum Sommersolstiz.[1] Der eine vertritt die tote, der andere die belebte Hälfte des Jahres des Naturlebens. Die Einteilung ist dabei die der Sonnenbahn als ab- und aufsteigend (ab- und zunehmende Tage) und diese entspricht auch den Vegetationsverhältnissen des vorderen Orients, wo die tote Zeit am passendsten von der Sommersonnenwende an gerechnet werden kann. „Bei den Assyrern[2] oder Phoeniziern sind die Götter trauernd eingeführt, weil die Sonne bei ihrem Wege durch die zwölf Tierkreiszeichen auch in deren untere Hälfte eintritt. Es werden nämlich von den 12 Tierkreiszeichen 6 als obere, 6 als untere angesehen. Wenn sie in den untern steht und deshalb die Tage kürzer macht, dann gilt das für die Trauer der Götter, als sei die Sonne ihnen durch zeitweisen Tod entrissen und werde von Proserpina[3] zurückgehalten, welche die Gottheit des untern Erdkreises und der Gegenfüssler darstellt. Dann lassen sie Adonis der Venus zurückgegeben werden, wenn

---

[1] Winckler, Forschungen III, S. 278. Zimmern in KAT.[3] S. 400. Jeremias ATAO, S. 43.

[2] D. h. natürlich Syrern, die aber Macrobius von Phoeniziern nicht unterscheidet.

[3] Eriskigal in der Unterweltsfahrt der Istar hält diese zurück, bis sie der Frühjahrsmond befreit. Winckler, Forschungen III, S. 294.

die Sonne nach Zurücklegung der 6 unteren Zeichen anfangt, unsere Welthälfte zu durchlaufen unter Zunahme von Licht und Tagen."[1])

Die untere und obere Hälfte des Tierkreises und Weltalls wird hier genau so geschieden, wie in dem Tempelkult von Borsippa: von den beiden Sonnenwenden aus, das Zu- und Abnehmen der Tage ist massgebend. Der Tag des Todes des Adonis ist also der der Sommersonnenwende, der seiner Wiedergeburt oder seines Wiederauflebens die Wintersonnenwende.

Hier stimmen also die authentischen Erklärungen mit dem durchsichtigen Sinn des Mythus überein; dass die Deutungskunst des alten Orients, besonders wenn sie vom Localpatriotismus inspirirt war, auch einmal einen kleinen salto mortale in Nebendingen nicht scheut, wird man sich leicht vorstellen können. Wenn es galt, eine Naturerscheinung dem System einzufügen, aus ihm heraus zu erklären, so kam es dabei auch auf eine kleine Unebenheit nicht an — wie bei anderen Systemen auch, das der modernen Weltanschauung wohl nicht ausgeschlossen.

Es ist merkwürdig und nur aus der völligen Gedankenlosigkeit zu erklären, mit der man alle Mythologie betrachtet, dass man nicht den Widerspruch bemerkt hat, welcher in der in der Schrift De dea Syra berichteten angeblichen Anschauung der Byblier vom Beginne der Trauer um Adonis und dem tatsächlichen Sinne des Mythus liegt:

„Es giebt noch ein anderes Wunder im Gebiet von Byblos. Dort fliesst ein Fluss in's Meer, der Adonis heisst. Dieser färbt sich alle Jahre blutrot, verliert seine Farbe und färbt das Meer bei seiner Mündung weithin rot. Das zeigt den Bybliern die Trauer an. Sie sagen aber, dass in diesen Tagen Adonis im Libanon verwundet wurde, und dass das Blut in den Fluss fliesst und ihn färbt, der deshalb seinen Namen führt. So sagen die meisten, mir hat ein Mann aus Byblos die wahre Ursache gesagt. Der Adonis entspringt auf dem Libanon, der Libanon ist sehr roterdig. In jenen Tagen wehen nun starke Winde und treiben die Erde, welche stark rotfarbig ist, in den Fluss, den sie blutigrot färbt. So ist an der Erscheinung die Erde, nicht das Blut schuld.[2])

[1]) Macrobius I, 21. [2]) De dea Syra, § 8.

Wenn der Verfasser der Schrift richtig berichtet worden
ist, so müsste man für seine Zeit eine Verschiebung der Kult-
gebräuche in Byblos annehmen, welche ihren Grund zum teil
in dem Bestreben haben könnte, die Uebereinstimmung der
Lehre mit der geschilderten Erscheinung herzustellen. Die
Zeit, wo sich der Nahr-Ibrahim rot färbt, ist natürlich die
der Schneeschmelze und diese liegt der Wintersonnenwende
näher als der des Sommers. Der Februar dürfte die Zeit sein,
wo die Libanonflüsse das meiste Wasser führen und bereits
Ende März ist von der roten Färbung des Nahr-Ibrahim nichts
mehr zu merken.[1] Die Zeit, wo Tammuz stirbt, ist aber die
der Sommersonnenwende, also Ende Juni, wo die Flüsse bereits
ziemlich niedrigen Wasserstand haben.[2] Darüber lässt die
Erklärung, welche die Lehre von Borsippa ausdrücklich giebt,
keinen Zweifel, die beiden Jahreshälften beginnen mit den
Sonnenwenden[3] und Tammuz stirbt, wenn er den Höhepunkt
erreicht, er wird geboren, wenn er wieder aufsteigt. Allerdings kann sich das so verschieben, dass man nach dem Tag-
gleichenpunkt — also statt Sommer und Winter, Frühjahr und
Herbst — rechnet, dann müsste der Tod also auf die Herbst-
tagesgleiche fallen.

[1] Der Grund für diese Färbung ist, wie in der Schrift angegeben,
die Beschaffenheit des Erdreiches im Tale des Nahr-Ibrahim. Die
dortigen Berge, wie auch andere im Libanon, sind stark eisenhaltig.
Natürlich wird die rote Färbung dadurch hergestellt, dass das Erd-
reich durch den schmelzenden Schnee in den Fluss gespült, nicht aber
von den Winden hineingeweht wird. Es scheint, als ob der Verfasser
der Schrift etwas falsch verstanden hätte, die Winde sind ihm wohl
als die Ursache der Schneeschmelze genannt worden, denn diese wird
durch den Chamsîn herbeigeführt, der gerade die höher gelegenen Teile
des Landes bis zum Mai hin mehr trifft und ein sehr schnelles Schmelzen
des Schnees bewirkt.

[2] Die des niedrigsten ist natürlich der vor dem Eintritt der Regen-
periode im Herbst; die Hochflut die der Schneeschmelze, von wo an
der Wasserstand regelmässig abnimmt.

[3] Winckler, Altorientalische Forschungen III, S. 288.

Innerhalb der einzelnen Kulte konnte man naturlich je nach den örtlichen Verhältnissen verschiedene Zeitpunkte für die Festfeier wählen. Der Kalender kann ja nach verschiedenen Grundsätzen festgelegt werden und der grosse Orient mit seiner vieltausendjährigen Kultur kann uns in einem gegebenen Fall das Ergebnis einer sehr mannigfaltig zusammengesetzten Entwicklung zeigen.[1]) Ein solches müssen wir in unserem Fall aber sogar eher erwarten als eine reine Wiedergabe der alten astralen Lehre. Namentlich die Notwendigkeit, die Erscheinungen des Naturlebens mit denen des Sternhimmels in Einklang zu bringen, mussten in anderem Klima mancherlei Umdeutungen des Mythus zur Folge haben. Was auf Babylonien und Aegypten genau stimmte, brauchte nicht auch ebenso gut auf Syrien mit seinem wesentlich gemässigten Klima zu passen.

Dass der „Winter" die tote Zeit ist, darüber ist sich die Auffassung des Alterthums klar, es kann nur geschwankt werden, was man als Winter, d. h. als Herrschaft der unteren Tierkreisbilder ansieht. Nach der alten astralen Lehre wird von Wendekreis bis Wendekreis gerechnet — es kann aber auch die Rechnung von einem Tagesgleichenpunkte zum andern in Betracht kommen. Wenn man sich das klar macht, wird man leicht ein Schwanken in der Deutung von Einzelerscheinungen begreifen.

Das müsste aber vor allem Einzelheiten betreffen, welche durch örtliche Bedingungen sich erklären lassen müssen. Wenn der wahre Hintergrund aller Mythologie und Götterlehre der Sternhimmel ist, wenn dieser das Buch[2]) bildet, von wo sie abgelesen wurde, so müssen die astralen Züge des Mythus dessen wahre Gestalt rein bewahren oder wenn sich Abweichungen ergeben, so müssen diese aus den veränderten Erscheinungen des Sternenhimmels sich erklären. Denn wenn babylonischer Ursprung der ganzen Astrallehre angenommen wird, so ist nur möglich: entweder ein Mythus zeigt die Form,

¹) Ebenda S. 276. 287 Anm. 1.
²) Winckler, Forschungen III S. 198. Jeremias ATAO S. 6.

welche seiner Ursprungszeit und Heimat entspricht, er ist
also in allen Einzelheiten in der alten Gestalt erhalten oder
zeigt Umdeutungen, wie sie etwa veränderte Constellationen
ergeben. Das erstere ist der Beweis für Zeit und Ort des
Ursprunges und das andere für das nicht verloren gegangene
Verständnis des alten Sinnes der Lehre. Vor allem kommen
für Verschiebungen, welche durch die zeitliche Entwicklung
bedingt sind, solche in Betracht, welche das Ergebnis der
Praecession der Tagesgleiche darstellen.[1]

Gerade der Adonismythus und seine Darstellung giebt
nun einige schöne Beweise für die Richtigkeit dieser Erklärung. Nach der Verteilung der vier Planeten auf die
vier Weltrichtungen oder die vier Viertelpunkte der Sonnen-
laufbahn, gehört der Nordpunkt oder der Punkt der Sommersonnenwende dem Planeten Mars. Dieser muss also Eigenschaften zeigen, welche für das Wesen des Tammuz maass-
gebend sind. Ares und Aphrodite sind die beiden, die sich
lieben, Ares-Mars ist der Kriegsgott wie der babylonische
Ninib-Mars; dieser ist der Jäger wie Tammuz-Adonis, kurz
alle diese Göttergestalten sind ebenso identisch, wie es nur
personificierte Darstellungen derselben Naturerscheinungen
sein können.

Tammuz findet seinen Tod durch den Eber — das ist
das Charakteristische. Der Eber ist das Tier der Sonnenwende auch in der germanischen Mythologie, und im besonderen wieder Thors, welcher bis auf's Haar die Erscheinungen
zeigt, welche den Tešub der Hettiter oder den Haddad-Rimmon[2]
der Syrer kennzeichnen. Denn auch diese sind nichts, als andre
Namen für den Tammuz, der in der Sommersonnenwende
stirbt, um im Winter zu neuem Leben zu erstehen. An der
Identität der zu Grunde liegenden Vorstellungen zu zweifeln,

---

[1] Das hat Winckler, Forschungen II S. 370, Ex oriente lux I,
S. 32, klar gestellt und hierauf beruht tatsächlich die Möglichkeit
der Berechnung der Ursprungszeit des Mythus.

[2] Vgl. Zimmern, KAT[3] S. 450; Haddad-Rimmon gehört der kanaanäischen, nicht der aramäischen Gruppe an: Winckler ebenda S. 133.

setzt ein Zutrauen in den Zufall oder in die missbrauchte
„Völkeridee" voraus, welche dem Glauben an die Verlässlich-
keit eines Uhrwerkes entspricht.

Das Verhältnis von Tammuz und dem Eber hat Stucken
behandelt und dabei auch die Beziehungen zur babylonischen
Lehre erkannt.[1]) Dabei ist auch bereits auf den Zusammenhang mit dem Monat Chazirân hingewiesen worden, und zwar
unter Berufung auf Movers. Derartige Beziehungen oder Spie-
lereien bieten jetzt nichts bedenkliches mehr, seit wir die
Bedeutung des Wortspiels für die Mythologie kennen.[2]) Die
einzige Schwierigkeit, welche bestand, war nur, wie es sich
erklärt, dass dieser Monat im syrischen Kalender vor dem
Tammuz steht, also dem Juni entspricht, während er doch bei
der Annahme Tammuz = Schwein diesem entsprechen müsste
(— Juli). Sobald man aber die Praecession berücksichtigt,
fällt diese Schwierigkeit weg: der Chaziran ist an die Stelle
des Sivan getreten, genau so, wie dieser infolge der Praecession vom Anfang des Jahres (März-April, nach Widderrechnung Nisan) zum dritten Monat geworden ist.[3]) Das beweist
also, dass dieser Kalender tatsächlich von einer Tammuzlehre
ausgeht, welche mit dem Tagesgleichenpunkte rechnet, wie
wir aus den Angaben, welche der Verfasser der Schrift De
dea Syra macht, für die dortigen Gegenden auch annehmen
müssen. Er war also ursprünglich der Frühlingsmonat genau
so wie der Sivan und die Beibehaltung seines Namens ist
ein Rudiment der Zwillingsrechnung. Dagegen lässt die assyrische Monatsliste noch deutlich Tammuz als Gott der Sonnenwende erkennen, denn der Tammuz ist in ihr der Monat Juni-
Juli, also derjenige, welcher mit der Sommersonnenwende

---

[1]) Astralmythen S. 19. — Zimmern KAT[3] S. 198: „Auch die
Beziehung des Gottes Tammuz zum Eber war jedenfalls bereits in der
babylonischen Sage vorhanden. So war dem Gotte Ninib, dem der
Monat Tammuz zugehört (IV. R. 33) das Schwein (humṣiru) heilig.
Jensen in KB VI 1" hätte Stucken nennen sollen.

[2]) Winckler, Arabisch-Semitisch-Orientalisch S. 170 ff.

[3]) Winckler, Forschungen II S. 370 ff.

beginnt, wo Tammuz stirbt. So nach Widderrechnung. Der
Gott dieses Monats ist aber der Krieger Ninib[1]) also = Mars
und "Ἄρης δ' ὁ σῖς sagt Lydus,[2]) und Adonis sei getödtet
worden ἀπὸ τοῦ "Ἄρεος μεταβληθέντος εἰς ἕν.

Nach der Formel der babylonischen Weltordnung sollen
die gleichen Kräfte in den sich entsprechenden Punkten
des Weltalls wirksam sein[3]) und insofern sie Gestirnen entsprechen, sollen diese unter einander gleichgesetzt werden, sodass Mond = Ninib-Mars, weil beiden der Nordpunkt
der Ekliptik eignet. Sirius = Sonne, weil er — aus irgendwelchen Gründen — entspricht. Sonne = Saturn, weil beiden
der Südpunkt der Ekliptik eignet, kleiner Sirius = Mond,
Plejaden = Grosser Bär, die beiden Zwillinge = Sonne und
Mond u. s. w.

Entsprechende Punkte des Alls sind naturgemäss die vier
Orientirungspunkte, sie entsprechen sich im Umlaufskreise
der Planeten und im Weltall, also es sind: Nordpunkt der
Ekliptik =·Nordpunkt des Alls (Nordpol), das beherrschende
Gestirn des Nordpols ist der Bär. In der Zeit der Herrschaft
Babyloniens und der Ausbildung der Götterlehre Marduks,
als die Frühjahrstagsgleiche im Stiere lag, fand die Sommersonnenwende im Löwen statt.[1]) Ferner ist aus irgendwelchen
Gründen das Thier Ninibs der Eber. Danach würde also
mythologisch dieselbe Kraft oder Gottheit sowohl als Bär wie
als Löwe wie als Eber erscheinen können.

Die Sommersonnenwende bringt Tammuz-Adonis den Tod.
Die Tammuzfigur wird gewöhnlich als durch einen Eber getötet dargestellt; die Erklärung, dass er durch Ninibs Tier
als das der Sonnenwende, d. h. durch Ninib selber seinen
Tod findet, ist also so naturgemäss und schlagend, dass ein
Zweifel daran nicht recht begreifbar erscheint. Nach der For-
derung der Formel müsste der Eber aber ebenso gut durch
den Löwen und durch den Bären ersetzt werden können:

---

[1]) Ebenda S. 368. [2]) Stucken a. a. O. S. 20.
[3]) Winckler, Himmels- und Weltenbild S. 45 ff.
[4]) Vgl. Winckler, Forschungen III S. 208.

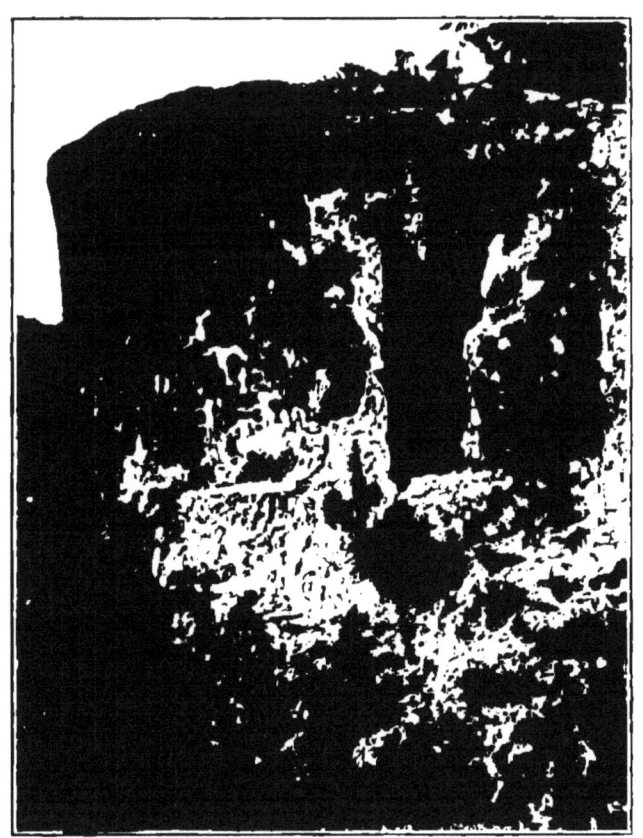

Das Adonis-Denkmal von el-Ghine. S. 25.

Hygin hat die Ueberlieferung,[1] dass Adonis entweder von
einem Eber oder einem Löwen getötet worden sei. Die
dritte Möglichkeit ist endlich die, dass das betreffende Tier
gegebenen Falls ein Bär ist. Hierfür[2] war auf die Darstellung
verwiesen worden, welche sich bei el-Ghine im Bereiche des
Nahr-Ibrahim findet, also dort, wo das ganze Land dem Tammuz-
kulte geweiht war. Die Zeichnung und Beschreibung bei
Renan[3] giebt das Tier, welches Adonis dort anfällt, als einen
Bären. Der Schluss des Beweises ist also in bündigster
Weise geliefert.

Es bestand nur noch die Möglichkeit, dass vielleicht
ein Irrtum des Zeichners vorläge. Bei verwitterten Fels-
skulpturen ist es möglich, dass eine Zeichnung manches in
das Bild hineinlegt, was sich nur aus der allgemeinen Auffassung des Zeichners ergab. Auch macht die Zeichnung bei
Renan den Eindruck, als sei das Denkmal so verwittert, dass
wohl Zweifel an der richtigen Wiedergabe möglich wären.
Winckler hat deshalb im Sommer 1904 die Stelle besucht
und Photographien genommen, welche beweisen, dass der Zu-
stand des Denkmals nicht so hoffnungslos ist,[4] wie man hätte
nach der Zeichnung annehmen können, über die Natur des
Bären kann danach kein Zweifel herrschen.

[1] Winckler, Kritische Schriften III, S. 108 Anm.
[2] Winckler, Himmels- und Weltenbild[2], S. 63. Kritische Schriften III, S. 108.
[3] Mission de Phénicie p. 292; pl. XXXVIII.
[4] Dagegen ist jetzt das von Renan geschene und gezeichnete Relief,
welches eine weibliche Figur darstellt, vor welcher ein hundeartiges Tier
steht, nicht mehr vorhanden. Es stand auf der anderen Seite des
Felsvorsprunges und muss jetzt abgesprengt sein. Der Mann, bei dem
Winckler abgestiegen war, und der nicht mehr jung und sehr intelli-
gent war (er wusste, dass das Bild „Adonis" darstellt, — die Aussprache wiess auf französischen Ursprung des Wissens, — und konnte
eine Geschichte von ihm erzählen), wusste nichts von einem weiteren
Relief bei El-Ghine, und ebensowenig Andere. Es war Winckler nicht
gegenwärtig, dass das fehlende sich unmittelbar neben dem andern
finden sollte, so dass er über diesen Punkt keine Fragen gestellt hat.

Der Adoniskult ist im Gebiete von Byblos zu Hause;
das ganze Land ist Tammuz und Astarte geweiht. Wie in
el-Ghine südlich vom Fluss, so war nördlich davon bei el-
Mašnaka in ganz entsprechender Lage eine Kultstätte. Das
Tal des Flusses selbst war an mehreren Stellen mit klei-
neren Tempeln besetzt[1]), welche wohl als Zwischenstationen
dienten, um die Verbindung mit dem Astarteheiligtum an
der Quelle des Flusses (bei Afka) herzustellen. Dorthin
gingen die Processionen von Byblos, um die berühmten
Feste zu feiern, denen erst durch die Zerstörung des Tempels unter Constantin ein Ende bereitet wurde.

Bei Mašnaka hat ein grosses Heiligthum gestanden, von
dem noch einige Reste vorhanden sind. Die Rekonstruction
des obeliskartigen Spitzturmes, welche Renan giebt, soll
allerdings in den heute erhaltenen Resten keinerlei Anhalt
mehr finden. Am besten erhalten sind die Skulpturen, welche in einem in die Felsen gehauenen Pass oder Hohlweg
sich finden und ebenfalls den Adonis-Venus-Mythus darstellen. Durch diesen Hohlweg führte offenbar die Strasse zu
dem Tempel, sodass die Processionen durch eine Stelle hin-
durchmussten, welche ihnen die kosmische Beschaffenheit
des Ortes der Adoniskatastrophe ad oculos versinnbildlichte.
Denn wenn jedes Heiligtum ein Abbild des Weltalls sein
musste,[2]) so war es eine passende Idee, den Punkt der Sonnenwende, wo Tammuz dem Bären oder Eber verfällt, darzustellen und dort in Bildern sein Schicksal zu verewigen.
Der Sonnenwendepunkt soll als Pass in der Mythologie erscheinen,[3]) und hier ist dieser Pass künstlich hergestellt
worden; einen deutlicheren Hinweis kann man nicht finden.

---

[1]) Das Folgende nach Angaben Winckler's.

[2]) Winckler, Himmels- und Weltenbild S. 60; die Weltanschauung des alten Orients S. 35; Jeremias, ATAO S. 361.

[3]) Winckler, Arabisch-Semitisch-Orientalisch S. 97 u. 206. Dort
wird auch darauf verwiesen, dass dieser Pass oder ־כ־-Punkt identisch
ist mit dem כ־־כ־ה ג־ Ezechiels, in welchem die Niederlage Gogs, des
Nordlandkönigs, erfolgt. Himmels- und Weltenbild S. 64 Anm.

Auf eine der beiden Darstellungen von el-Ghine geht
wohl die Nachricht zurück, welche bei Macrobius (Saturn
I 21. 5) erhalten ist:[1] „Ein Bild der Göttin (Venus) ist in
Libanon dargestellt, mit verhülltem Haupt, traurigem Aussehen, das Gesicht mit der linken Hand verhüllend, von dem
die Betrachtenden glauben, dass es weine."[2] Am besten passt
das wohl auf die Darstellung von El-Ghine, da man sich
doch immerhin kaum daran zu stossen braucht, dass die Bären-
scene nicht erwähnt wird, denn Macrobius teilt nicht Selbst-
gesehenes, sondern nur einen Auszug aus irgend einer
Quelle mit. Ausgeschlossen ist selbstverständlich nicht, dass
auch noch an anderer Stelle des Byblierlandes eine weitere
Verherrlichung des Kultes sich fand, aber aus dem Bereich
des Nahr-Ibrahim darf man sich dabei schwerlich entfernen,
denn andere Gegenden dienten anderen Göttern, und darum
wird man zunächst mit gutem Recht an el-Ghine denken
dürfen.

Man hat sich nach alledem offenbar doch vorzustellen,
dass an den grossen Festen Processionen von allen Ortschaften nach dem grossen Heiligtum gingen. Ein solches
Fest hat der Verfasser der Schrift De dea Syra in Byblos
mit angesehen (S. 12). Dabei nahm man den Weg von den
verschiedenen Punkten des Landes je nach der Lage. In
betracht kommen vor allem das Heiligtum in Byblos und
das an der Quelle des Nahr-Ibrahim, beide der Venus geheiligt. Zwischen beiden auf einer Passstelle, welche vom
Flussthal über die Berge führt, wenn man von Afka kommt,
liegt Mašnaka, dessen Heiligtum wohl Tammuz selbst geweiht war. Diesen Weg mussten die Processionen nehmen,
welche von Byblos und den nördlichen Teilen des Landes
zu den Festen im Heiligtum an der Flussquelle zogen. Die-
jenigen, welche aus Gegenden südlich von der Mündung

[1] Vgl. auch Renan, Mission de Phénicie p. 294.
[2] simulacrum hujus deae in monte Libano fingitur capite ob-
nupto, specie tristi; faciem manu laeva intra amictum sustinens; lacri-
mae visione conspicientium manare creduntur.

und dem Tale des Nahr-Ibrahim kamen, mussten über el-
Ghine ziehen. Beide Wege führten also an Stätten vorbei,
welche Tammuz heilig waren. In der Schrift De dea Syra
heisst es: „Ich zog auch auf den Libanon hinauf, einen
Tagemarsch weit, weil ich erfahren hatte, dass dort ein
altes Heiligtum der Aphrodite sei, welches Kinyras gegründet hatte. Und ich sah das Heiligtum, welches altertüm-
lich war." Hier hat man gezweifelt,[1]) dass das Heiligtum
an der Quelle des Flusses bei Afka gemeint sein könne,
weil dieses zu weit für die angegebene Entfernung (ein
Tagemarsch) von Byblos entfernt sei. Dann bleibt nur Mašnaka, denn die übrigen kleinen Tempel können nicht in Betracht kommen, und dieses liegt wieder zu nahe bei Byblos.
Unsere Vermutung, dass wir hier das zu erwartende
Adonis-Heiligthum anzunehmen haben, würde sich noch
weniger damit vertragen, denn es soll sich um einen Tempel der
Aphrodite handeln. Der Grund der nicht zutreffenden Entfernung ist aber nicht stichhaltig. Der Verfasser spricht von einem
Tagemarsche, den er gemacht hat, nicht etwa von der Zeit,
die eine Procession gebraucht: denn eine solche geht natürlich
viel langsamer als ein einzelner Reisender. Von Afka nach
Gebeil kann man aber ohne grosse Schwierigkeit selbst bei
heutigen Wegen in einem Tage kommen, wenn man über
Mašnaka geht. Es sind von der Quelle bis dorthin 4—5
Stunden und von dort nach Gebeil ebensoviel auf teilweise
schlechten Wegen. Die Wegeverhältnisse in der Zeit, wo
hoch oben auf dem Gebirgspasse ein grosses Heiligtum lag
und der Weg durch kleine Kultstätten bezeichnet war, haben
wir uns aber doch bedeutend günstiger vorzustellen als jetzt,
wo sie gerade auf dieser Strecke recht ungünstig sind. Es
ist also nicht mehr als ein Tagemarsch von Byblos bis Afka.

---

[1]) Vgl. Renan, Mission de Phénicie, p. 291, der allerdings sich
trotzdem selbst für Afka entscheidet.

Mir ist selbstverständlich bekannt, was man bisher als Erklärungen der mythologischen Erscheinungen gab. Eine Auseinandersetzung damit ist vom neuen Standpunkte aus misslich, insofern es unrecht ist, die Einzelheiten nachzuweisen, in denen die alte Auffassungsweise irrt. Nur um den Unterschied im Wesen der ganzen Betrachtungsweise klarzustellen, mag ein Beispiel gewählt sein, das gerade auf die Jehaw-melek-Stele Bezug hat. Nach Ed. Meyer (Gesch. des Altertums S. 201; vgl. auch in Roschers Lexicon I, S. 632, und auch Dussaud-Macler Mission dans les régions désertes de la Syrie, moyenne, p. 57 Anm. 3) ist es ein Irrtum der Auffassung des Altertums, dass die Kuhhörner der Isis in Mondhörner verwandelt und mit dem Sonnendiscus zusammen als Kopfschmuck der Astarte verwendet werden, die so, sehr gegen ihre ursprüngliche Bedeutung, auch die Function einer Mondgöttin erhielt; denn (a. a. O.) „alle diese Göttinnen (Nut, Hathor, Isis, Nut-urt) werden als Kühe gedacht, zwischen deren Hörnern — die mythologische Auffassung des gebirgigen Horizonts — die Sonnenscheibe hervortritt." In dem Worte „ursprünglich" ist der ganze Grund der Verschiedenheit der Auffassung gegeben (vgl. Winckler, Forschungen III S. 206 Anm.). Es handelt sich eben lediglich um die Verschiebung der Zeitgrenze, um eine andere Auffassung vom Alter der orientalischen Kultur und ihrer Lehre. Das „System" ist bereits in der ältesten uns bekannten historischen Zeit fertig, und die Aufgabe, die wir haben, ist zunächst sein Wesen und seine Vorstellungen kennen zu lernen (s. Winckler, Die babylonische Kultur in ihren Beziehungen zur unsrigen, S. 23). Erst wenn das geschehen, dann kann wer will über seine Entstehung speculiren. Innerhalb der historischen Zeit giebt es aber kein „ursprünglich", da ist alles bereits systematisch geordnet und kann nur in localen oder zeitlichen Variationen auftreten. Astoret ist weder Mond noch Sonne noch Venusgestirn, sondern sie ist eine Erscheinungsform der grossen Gottheit, die in jedem der drei Gestirne sich zeigt, — sie ist weiter das Naturleben in seinen beiden Hälften u s. w. und kann im Mythus oder Kult nach einer ihrer Seiten hin besonders verehrt werden. Solange wir eine orientalische Kultur haben, finden sich diese Gleichsetzungen der Gottheiten (vgl. Jeremias, Monotheistische Strömungen innerhalb der babylonischen Religion, S. 1), es ist deshalb nicht möglich, innerhalb dieser mehr als 3000jährigen Zeit von einem „ursprünglich" zu reden und anzunehmen, dass die systematische Verarbeitung, der Synkretismus, eine Erscheinung erst der späteren Zeit sei. Diese Auffassung rührt noch aus der Zeit her, wo man sich den ältesten Orient in Länder getrennt dachte, die nichts mit einander zu tun hatten. Der Fund von Tel-Amarna hat damit aufgeräumt und das Verständnis einer allgemein orientalischen Kultur-

welt angebahnt. Weder der Hellenismus noch der Islam sind erst-
malige Erscheinungen in ihrer Art, sondern der älteste Orient bildet ebenso
eine grosse Kulturgemeinschaft mit gemeinsamer Weltanschauung. So ergiebt sich die neue Auffassung mit Notwendigkeit aus den uns bekannt gewordenen Tatsachen: Nur wer ihr Wesen misversteht (vgl.
die Worte von Jeremias ATAO S. VI: „ich habe bisher keinerlei Gegen-
ausführungen zu Gesicht bekommen, die Wesen und Tragweite der
Sache erfasst und die den Widerspruch auf etwas Anderes als Mis-
verständnisse gegründet hätten"), kann an ihrer Richtigkeit zweifeln.
Der Gegenbeweis gegen jeden Einwand ist meist sofort zu liefern (vgl.
z. B. Winckler an der oben angeführten Stelle, wo „die Ursprünglich-
keit" irgend einer Kalenderrechnung gegenüber der anderen durch
Nachweis der Epagomenen als altbabylonisch sofort als falsche Betrachtungsweise abgetan wird); es kann ihn ihr Jeder sich selbst geben.
Wenn man nämlich glaubt, das Wesen einer Gottheit gefunden zu
haben, so stellt sich meist von selbst das Wort „ursprünglich" ein,[1])
wenn man die weiteren Erscheinungen verfolgt. Geht man der Sache
nach, so wird man stets finden, dass dieses „ursprünglich" keine Be-
rechtigung innerhalb der historischen Zeit hat, dass das ganze „System"
bereits in der ältesten Zeit besteht. „Die ägyptische Auffassung des
zeugenden Sonnengottes als eines Stieres ist von den Kanaanäern
adoptiert: in der sidonischen Sage entführt Zeus d. i. Baal die Europa in Gestalt eines Stieres, und bekanntlich haben die Hebräer
ihren Stammgott Jahwe vielfach als Stier dargestellt." So Ed. Meyer
a. a. O. Den letzten Satz wollen wir auf sich beruhen lassen — der

---

[1]) Vgl. Hommel, Grundriss der Geographie und Geschichte des
Alten Orients, 2. Aufl., S. 160: „Dass auch bei den Phöniziern der
Mondkult das Ursprüngliche war und erst im Laufe der Zeit
unter babylonischem Einfluss Ba'al zu einem Sonnengott und der weiblich gemachte Venusstern (עשתרת, Astarte, vgl. die babylonische Istar
gegenüber dem südarabischen 'Attar) zu einer Mondgöttin wurde, tritt
immer klarer hervor; so ist z. B. der karthagische Ba'al Hamman, der
gleich dem babylonischen Ea . . . widderköpfig abgebildet wird, ursprünglich wohl der abnehmende Mond und erst später hat man die
im Alten Testament öfter neben den Aseren genannten hammânim
zu Sonnensäulen umgedeutet". Soweit richtig nichts als eine Bestätigung der „Formel", denn nach dieser ist abnehmender Mond =
Sonne = Unterweltmacht, zunehmender Mond = aufsteigende Sonne;
also Baal-Hamman = Unterwelt = Ea, vgl. unten S. 39. „Ursprünglich" ist hier aber nichts früher und nichts „später", die Verschiedenheiten sind nur lokale Anwendungen des allgemeinen Principes, vgl.
Winckler, Altoriental. Forsch. III S. 287.

Stammgott Jahwe als Stier ist doch wohl eine Sache, deren Annahme sehr vielen guten Willen voraussetzt. (Die Wissenschaft von der Religion sollte sich aber doch wohl überlegen, ob denn der Totemismus etwas ist, was eine höhere Vorstellung von der aus ihm entsprungenen Gottheitsidee zu erwecken geeignet ist, — oder die Sternenlehre). Aber die Annahme des ägyptischen Sonnenstieres durch die Kanaanäer ist nach der jetzigen Auffassung nichts anderes als die Vertrautheit der Kanaanäer, d. h. der Bewohner des „Westlandes", mit der allgemein orientalischen Götterlehre, denn Marduk ist auch der Stier, Marduk ist aber sowohl Frühlingssonne als Frühjahrsmond, genau wie Osiris, und der Stier ist auch der Mond (buru ikdu der Babylonier). Kurz, der Stier, d. h. das Rind, ist auch eine Offenbarungsform der Gottheit, der Stier des männlichen, die Kuh des weiblichen Princips: Ober- und Unterwelt, — nach babylonischer Anschauung also: Mond = Stier, Sonne = Kuh, die Oberwelt = Mann, Unterwelt = Weib (vergl. Winckler, Altorientalische Forschungen III; Arabisch-Semitisch-Orientalisch S. 20 ff. Ham = Unterwelt = Weiblich). Der babylonische Einfluss ist aber für Kanaan bereits vor dem ägyptischen bezeugt — die Einheit altorientalischer Kulturen besteht auch in früherer Zeit, sie muss bestanden haben, denn Kulturen wie die der ältesten Reiche von Aegypten und Babylonien sind noch weniger ohne gegenseitige Beziehungen denkbar, wie sie die Tel-Amarnabriefe für die viel späteren Zeiten des 15. Jahrhunderts bezeugen. Und vor allem reicht der Einfluss Babyloniens, wie der Gebrauch seiner Sprache in dieser Zeit bei Kanaanäern und Aegyptern beweist, in ältere Zeiten hinauf und muss ein sehr tiefgehender gewesen sein (vgl. Winckler, Geschichte der Stadt Babylon, S. 13 ff.). Die Zeit, wo diese Einflüsse bezeugt sind, führt uns aber bereits an die Schwelle der Geschichte. Ebenso hat Stucken seine einstigen Aufschlüsse über die astralen Lehren aus den Pyramidentexten entnommen, die älteste Zeit hatte also diese Lehren bereits voll entwickelt.

Tanit pnê-baʻal.

In den Emblemen der Baʻalat von Byblos hat man weder die des Mondes noch die der Sonne noch die der Venus zu sehen, sondern eine jede Gottheit soll die Einheit dieser Drei darstellen[1]) und das Wesen der Gottheit müssen selbstverständlich ihre Embleme ausdrücken. Wenn eine weibliche Gottheit zunächst eine Istar, also eine Astarte ist, so soll das heissen, innerhalb der Dreiheit wird das weibliche Prinzip im Venusstern dargestellt gefunden, es kann gegebenenfalls aber auch ebenso gut in einem der drei anderen Gestirne dargestellt werden, wodurch dann die Verteilung innerhalb der Dreiheit sich verschiebt. Es sind also vor allem die Möglichkeiten:[2])

1. Mond Vater, Sonne und Venus Bruder und Schwester und Gatten.

2. Sonne Vater, Mond und Venus dgl.

Bruder und Schwester können wieder die Rollen tauschen, es kann sowohl das eine wie das andere der beiden Gestirne das männliche oder weibliche sein und deshalb in irgend einem Kult so verehrt, in dieser Gestalt dargestellt werden. Wenn daher die Baʻalat von Byblos mit Mond-Sonnen-Emblemen dargestellt wird, so werden die beiden Hauptgestirne in ihrem Kult in den Vordergrund gerückt: ihr Mythus muss hauptsächlich vom Mond-Sonnenlauf abgeleitet werden. Da das obendrein die Ueberlieferung besagt,[3]) so steht alles in völligster Uebereinstimmung.

Die zahllosen Votivstelen von Karthago sind sämtlich der „Herrin Tanit pnê-baʻal" und daneben auch noch dem Baʻal-

---

[1]) Oben S. 10—14.
[2]) Winckler in KAT.³ S. 139. F. III S. 159.
[3]) Vgl. oben S. 15.

Hammon geweiht. Dass also die Tanit die Göttin von Karthago sein muss, unterliegt von vornherein keinem Zweifel. Tanit ist demnach die Astarte von Karthago und als solche wesensgleich mit der Astarte von Sidon, welche die erste Gottheit aller Phoenizier ist, da Sidon die Mutterstadt von Phoenizien darstellt.[1] Diese Astarte ist ebenso wesensgleich mit der von Byblos, wobei man natürlich von etwaigen Nebensächlichkeiten des Kultes absehen müsste. Diese würden uns aber auch um so weniger Sorge machen, als wir sie nicht kennen und nie kennen werden.

Man ist darüber einig, dass das bekannte Symbol, welches sich auf allen karthagischen Votivstelen findet, das Tempelidol von Karthago darstellt. Das ist mit anderem Worte dasselbe, was wir in unserem Zusammenhang als eine Darstellung, Symbolisirung des Gottheitsbegriffes der waltenden Gottheit der Stadt bezeichnen würden, also es soll die Tanit pnè-baʿ al symbolisieren.

Man sieht das Zeichen jetzt allgemein als eine Weiterbildung des aegyptischen Lebenszeichens an, womit es ja in der Tat eine auffallende Aehnlichkeit hat. Wenn man aber diese Auffassung weiter durchdenkt, so muss man sich fragen, auf welche Grundanschauungen über das gegenseitige Verhältnis der orientalischen Kulturen sie sich stützt, und da stellt sich dann sofort wieder die jetzt aufzugebende Vorstellung einer unverstandenen Herübernahme und getrennten Entwicklung der Kulturbegriffe innerhalb der verschiedenen Länder als Vater der Erklärung ein. Mit der Annahme eines grossen allgemeinen Kulturzusammenhangs und einer für alle Länder gemeinsamen Weltanschauung und Götterlehre muss diese Erklärung durch eine äusserliche Entlehnung aufgegeben werden. So oberflächlich ist man nirgends gewesen, an jedem Tempel hatte

---

[1] Ueber Sidon als ursprüngliche Mutterstadt auch Karthago's und die Unmöglichkeit, Tyrus als solche anzunehmen, siehe Winckler, Altorientalische Forschungen II S. 436 und dessen Aufsatz in der Zeitschrift für Socialwissenschaft 1903 S. 337 ff; vgl. auch diese Beiträge I S. 22.

man eine durchgedachte Lehre, welche das Weltall umfasste, man betete nicht stumpfsinnig einen Stein oder ein Vieh an, — das tat nur die Menge, die Eingeweihten wussten um die Zusammenhänge des Weltalls und um die gemeinsamen Grundgedanken der Religionen. Wenn also die aegyptische Hieroglyphe für „Leben" identisch sein sollte mit dem Kultussymbol von Karthago, so müsste nach unserer Auffassung die Erklärung lauten: in beiden sind dieselben Grundvorstellungen in derselben Weise zum Ausdruck gebracht und die Tempellehre Karthagos hat das gewusst, sodass die Aehnlichkeit des Symbols mit dieser Hieroglyphe stets erhalten wurde.

Das kann in dieser Form richtig sein und man würde sich für einen solchen Zusammenhang der Entwicklung noch auf die häufige Verwendung des aegyptischen Lebenszeichens auf Siegelcylindern anderer Völker (des syrisch-mesopotamischen Kulturbereiches) berufen können. Allein wir wollen diese Seite der Frage auf sich beruhen lassen, da sie darauf hinauslaufen würde, die Entstehung, das ursprüngliche Bild der Hieroglyphe zu finden, was nicht unsere Aufgabe sein kann. Wenn wir das karthagische Symbol mit dem Wesen der Gottheit erklären können, so haben wir den Grundgedanken, den es darstellen will. Für die Hieroglyphe „Leben" lautet dann die Frage nur, ob sie denselben Grundgedanken mit denselben Mitteln ausdrückt. Wenn sie es tut, dann sind beide aus derselben Grundlehre heraus erwachsen und bedienen sich derselben Formulirung, d. h. in unserem Falle bildlichen Darstellung dieses gemeinsamen Grundgedankens. Das ist etwas sehr wesentlich Verschiedenes von einer „Entlehnung des Lebenszeichens".

Wenn uns die Zurückführung auf diese Grundvorstellung am karthagischen Symbol gelingt, so hätten wir im Gegensatz zu der Annahme einer „Entlehnung" vielmehr wieder ein lehrreiches Beispiel für den Grundsatz aller Mythenforschung, gegen den immer wieder bei einer rein literarischen oder philologischen Forschung verstossen wird; indem man nämlich unwillkürlich in der aus älterer Zeit überlieferten Form auch

die Urform sieht, während oft das umgekehrte Verhältnis der
Fall ist, weil die ältere Form sich auf anderem Boden bis in
jüngere Zeit ursprünglicher erhalten hat.[1] Des weiteren wäre
es auch zu seinem Teil ein Beweis für das Vorhandensein
der Lehre, welche überall die Kultformen auf ihre kos-
mologisch-astralen Grundlagen zurückzuführen verstand —
wie das eben das Wesen der neuen Auffassung der Mythologie
beweist.

Nach unserer Auffassung kann die Tanit von Karthago
eines der drei grossen Gestirne sein und muss dann mit den
beiden anderen oder einem von ihnen in Beziehungen gebracht
werden, welche schliesslich die Einheit der Dreiheit oder aber
der Zweiheit als Grundgedanken haben. Die Astart von Byblos
ist Mondgöttin,[2] d. h. sie wird in erster Linie als solche gedacht. Dasselbe dürfen wir ohne weiteres von der Sidonischen
annehmen, und da diese wesensgleich ist mit der Tanit von
Karthago, so muss also auch diese in erster Linie als Mondgöttin gedacht werden, aber wohlverstanden immer auch den
beiden anderen Gestirnen entsprechen.

Dass die Tanit mit Artemis gleichgesetzt wurde, ist bekannt, der Name[3] Abd-tanit = Artemidoros bezeugt als richtig,
was man aus einer einfachen Ueberlegung über das Wesen
der Gottheiten erschliessen musste: Tanit ist Artemis = Mondgöttin.

Die Mondgottheit soll aber ebenso Sonnengottheit sein,
was wir in dem Kopfschmuck der Baʿalat von Byblos mit der
Deutlichkeit ausgedrückt finden, mit der ein Symbol nur überhaupt zu sprechen vermag, denn es zeigt den Sonnendiscus

<hr>

[1] Vgl. Winckler, Krit. Schriften II S. 49, „es ist ein Grundfehler,
zu glauben, dass die älteren (der uns vorliegenden) Schriften auch die
alte ursprüngliche Meinung darstellen müssen. Ein im 11. Jahrh. n. Chr.
aufgezeichnetes Märchen kann im Einzelfalle eine ältere Erinnerung
zeigen, als der unter der Hammurabidynastie bereits kanonisirte Text
eines babylonischen Epos".
[2] Oben S. 16.
[3] CIPh No. 116 = No. 174 in II dieser Beiträge.

von den Mondhörnern eingeschlossen. Wenn man das einmal
erkannt hat, und die Wesensgleichheit der Gottheiten dazu
nimmt, so hat man nur noch nötig, eben die Vorstellung
von der mechanischen Entlehnung der Kulte und ihrer Formen
auszuschalten, um auch die Bedeutung des karthagischen
Emblemes zu haben: es ist der Sonnendiscus von den Mondhörnern eingeschlossen, also das Zeichen der Baʿalat oder Tanit,
so wie wir es erwarten müssen. Und zwar steht es auf einem
Unterbau, der stets die Gestalt eines Dreiecks annimmt —
wenn das überhaupt eine symbolische Bedeutung haben soll,
so muss es doch auch die Anspielung auf die Dreieinheit
enthalten, wobei natürlich der Vieldeutigkeit keine Grenzen
gesetzt sind, wenn das Gesetz der Dreiheit als überall im All
herrschend nachgewiesen werden soll. In sorgsam ausgeführten Fällen zeigt dieses Dreieck eine Gestalt, der doch
wohl die Vorstellung eines Berges zu Grunde liegt: sollte
das nicht der Erdenberg, der babylonische Berg der Länder
sein, auf dessen beiden Spitzen die beiden Gestirne walten;
denn wenn diesem wieder der Götterberg entspricht,[1] so ist
doch die Vorstellung von dem Gipfel des Alls, dem Olymp
oder Paradiese oder als was sonst der Aufenthaltsort der
Götter und der kosmische Ursprungsort erscheinen, das, was
man als Grundlage erwarten würde.

Eine solche Auffassung des Emblems findet sich z. B.
auf der Stele CIPh. 183, deren Darstellung die ganze Deutung
von der Dreieinheit der drei grossen Gestirngottheiten mit
einer Deutlichkeit zum Ausdruck bringt, dass ein Zweifel daran
schlechterdings unmöglich ist.[2] Die Stele zeigt unter der Hand,
die auch sonst in den Stelen begegnet, in einem besonderen
Felde einen Himmelsbogen und unter diesem eine geflügelte
weibliche Gottheit, welche die Scheibe mit den darumliegenden

---

[1] Winckler, Forschungen III S. 308. 311 ff.

[2] Man vergl. bereits die Ausführungen von Berger in Gazette
archéologique, auf die schon in CIPh zur Inschrift der Stele verwiesen ist.

Grabstele aus Karthago.
Corpus inscriptionum Semiticarum. Pars I No. 183. S. 36.

Mondhörnern in den Händen trägt. Wie der Gedanke der
Einheit der drei grossen Gestirne anders ausgedrückt werden
soll oder was diese Darstellung anderes bedeuten könnte, ist
wohl selbst starkem Zweifel nicht einleuchtend. Hier tritt
also auch deutlich die dritte Gottheit in ihre Rechte, welche
ja vor allem die weibliche darstellen soll, die des Venussterns,
welche als Himmelskönigin[1]) neben den beiden andern steht
und als solche hier gefasst ist.

Auf den beiden Seiten des Feldes, welches diese Darstellung trägt, stehen die Stützen des Himmels nach dem
Muster aegyptischer Stelen, nur dass hier als solche die „Krumm-
stäbe dargestellt sind, die bei rituellen Handlungen gebraucht
werden".[2]) Diese Stützen sind aber nicht nur ägyptisch, sondern
allgemein orientalisch, was man bei einem Kult kanaanaeisch-
phoenizischen Ursprungs doch auch erwarten wird. Sie sind
die beiden Säulen, welche die beiden Spitzen des Weltenbergs
darstellen sollen und die an jedem Tempeleingang stehen, Jakin
und Boas im Tempel von Jerusalem[3]). Die Tanit von Karthago ist
eben in einer besonderen Form verehrt worden, welche durch
den Zusatz pnê-baʿal näher bestimmt wurde. Dass diese Bezeich-
nungsweise mit den anderen doppelten Götternamen zusammen-
zustellen ist, wofür das Astar-Kamoš Mesas das bekannteste Beispiel bildet, liegt auf der Hand und ist anerkannt. Nur muss man
vom Standpunkt der neuen Auffassung aus darin etwas anderes sehen als etwa den formelhaften Ausdruck eines „späteren"
Synkretismus oder sonst eine äusserlich willkürliche Zusammenstellung und damit doch Identificirung der Götternamen,
sondern eine Formel, welche in Wirklichkeit das Wesen der
Gottheit und ihres Kults zum Ausdruck bringt. Eine Gottheit,
die Astar-Kamoš heisst, ist eben ein Gott, der sowohl Astar

[1]) Vgl. Winckler, Forschungen III S. 58 ff. 189. 275.
[2]) Pietschmann, Geschichte von Phoenizien in der Erklärung der
Tafel bei Seite 180.
[3]) Vgl. Winckler, Forschungen III S. 306, Artikel Sinai in Biblical
Encycl. IV p. 4631, Jeremias ATAO S. 40.

als Kamoš ist, und wenn irgendwo, so zeigt sich gerade in
diesen Doppelbenennungen die Richtigkeit der astralen Auffassung mit ihren Grundgedanken von der Einheit aller Gottheiten. Eine andere Erklärung giebt es einfach nicht, wenn
man nicht die „Heiden" auf den Standpunkt stellen will, auf
dem sie der Eifer der ersten Christen zu schildern liebt.
Die Gottheit Tanit pnè-baʿal ist also eine Gottheit, welche
sich ebensowohl in der Tanitform, wie in der pnè-baʿal-Form
offenbart.[1]) Wahrscheinlich haben wir auch einen dreifachen
Namen in Astart-šem-baʿal der Sidonier bei Ešmun-ʿazar zu
sehen, wo neben Astart als Mond-Venusgottheit noch der
Mond als šem und die Sonne als Baʿal gestellt werden, sodass die Dreieinheit voll zum Ausdruck gebracht wird.[2])

Wenn die Tanit von Karthago als ein pnè-baʿal bezeichnet wird, so muss sie gleichgesetzt werden mit dem Angesicht Baʿals (oder wenn pnè-Baʿal zu lesen: Angesicht—
Baʿal). Wenn Baʿal in erster Linie eine Sonnengottheit ist,
was seinem Wesen als Gottheit des Jahres und der Jahres-
natur, des Fruchtjahres, am meisten entspricht, so würde
also in diesem Zusatze die zweite grosse Gestirngottheit zu
ihrem Rechte kommen. Das Symbol giebt ja das „Gesicht
Baʿals", die Sonnenscheibe wieder.

Nun erinnert aber[3]) pnè-baʿal doch zu sehr an das israelitische pnù-el, als dass ein Zusammenhang der zugrunde-
liegenden Vorstellung von unserm Standpunkt aus abgeleugnet

---

[1]) Zum Vergleich dessen, wie bei einer rein philologischen Be-
leuchtungsweise sich die Auffassung darstellt, möge angeführt sein, wie
jüngst Grimme (OLZ 1905, 253) den Namen auffasst: „In תנת פנ בעל
wird man eine Genitivverbindung sehen müssen: „die Gottheit des
Antlitzes Baʿals", d. h. die Gottheit, welche vor Baʿal steht, und diese
Phrase ist ebenso wie רבת Epitheton einer Göttin, deren wirklicher Name
noch zu suchen ist."

[2]) Vgl. Mitt. VAG. 1904/5 S. 56.

[3]) Das Folgende nach Winckler, der auch auf den Namen des
Vorgebirges und Kultortes θεοῦ προσωπον verweist, welcher bereits bei
Renan, Mission de Phénicie p. 145 verglichen ist.

werden konnte. Pnû-el ist aber die Stätte, wo der Erzvater
Jakob seine Offenbarungen empfängt. Da diesem nun die
Eigenschaften des Mondes und des Mondplaneten Mars[1]) zu-
geschrieben werden, welchen der Nordpunkt der Ekliptik
und der Vollmondspunkt eignet, so ergiebt sich als naheliegend
pnû-el als Angesicht des summus deus El,[1]) der ja wieder
dem Mondgott „entspricht", zu fassen und auf den Vollmond
zu deuten, denn der Mond soll ja auch mit der Sonne wesensgleich sein. Diese Deutung, kommt im wesentlichen auf dasselbe hinaus, wenn man die neuen Anschauungen zu Grunde
legt, sie ist nur vom alten Standpunkte aus verschieden, der
glaubte, die Grundvorstellungen primitivsten Denkens und
rohesten Naturdienstes in den Kulten des alten Orients zu
finden, statt eine tiefdurchdachte, alle Zweige menschlicher
Naturbeobachtung im weitesten Sinne umfassenden Geheim-
lehre mit all ihren verzwickten Deutungskünsten. Es handelt
sich bei alledem immer wieder darum, nachzuweisen, dass die
Gottheit sowohl das eine als das andere ist und dass nur
ihre jeweilige Wirkungsform sich verschieden zeigt: ob Mond-
oder Sonnenscheibe ist gleich, beides ist dieselbe Gottheit,
dieselbe Kraft in ihrer Wirkung auf das Weltall. Die Kraft
der Planeten in der Astrologie ist von ihrer Stellung abhängig,
und die Erscheinungsformen der zwei oder drei grossen Gestirne
sind ebenfalls von ihrer Stellung (zur Sonne) bedingt.

Insofern ist also pnê-baʿal = Sonnenscheibe auch =
pnû-el, wenn dieses = Vollmond, und zwar würde es die
Sommersonne sein. Da diese auf dem Punkte des Vollmonds
(Nordpunkt) steht, so hat sie als Gegenstück die Süd- oder
Mitternachtssonne (Wintersonne), welcher ·im Weltall also
der Südpunkt gehört und die deshalb die Unterweltsmacht
darstellt.[2]) Das ist aber der stets mit der Tanit pnê-baʿal
zusammengenannte Baʿal-Ḥammon, dessen Name schon die
Sonnengottheit und zwar in dieser Phase anzeigt, welche beim

[1]) Winckler, Die Weltanschauung des Alten Orients S. 50 Anm. 28.
[2]) Winckler, Forschungen III S. 206. 289.

Monde der Dunkelheits- oder Neumondsphase entsprechen
würde. Dass Hammon mit ham Hitze zusammenhängt, ist
wohl nie bezweifelt worden. Ebenso wie Šem unter den drei
Noah-Söhnen den Mond darstellt, so soll ja Ham die Sonne
oder der Süden sein.[1]) Die Tanit pnè-Baʿal ist also die Istar-
Venus, welche Himmelskönigin werden will, d. h. die zum
Nordpunkt strebt, dem Punkte des Vollmonds oder der
Sommersonne, wo der Tammuz sein Gesicht verhüllt. Dieser
pnù-el oder pnè-baʿal ist der Gegensatz zu Baʿal-Hammon,
dem Tammuz der Unterwelt.

[1]) Winckler, Arabisch-Semitisch-Orientalisch S. 20.

Eine Gemme.

In meinem Besitz befindet sich ein kleiner geschnittener Stein (Carneol) von 0,14 m Höhe, 0,105 m Breite und 0,05 m Dicke. Er zeigt als Darstellung einen auf ein Knie niedergelassenen Mann, der in jeder Hand etwas hält, das wohl eine Bemme darstellen soll, und in gut ausgeführten phönizischen Buchstaben den Eigennamen שׁרעׁפׁ. Als Personenname ist das Wort mit seiner uns zunächst eigenartig berührenden Bedeutung („Floh") bereits aus dem alten Testament bekannt, unter den arabischen Personennamen ist barġhûṭ mit den in die gleiche Begriffsphäre mit ihm fallenden Insektennamen ebenfalls bezeugt.[1]

Der Umstand, dass der Träger dieses Namens ein Siegel mit „der Schrift seines Namens" besass, lässt ohne weiteres schliessen, dass er ein Mann von Stand war. In der grossen Zahl der orientalischen Siegel sind die mit dem Namen ihres Besitzers in der Minderheit. Auch der alttestamentliche Träger des Namens Par'aš ist kein beliebiger Mann aus dem Volke, sondern der Stammvater des zahlreichsten und an erster Stelle genannten Geschlechtes unter den aus dem Exil Zurückgekehrten. Er gehört also nach unseren Begriffen einer der ersten Adelsfamilien an (Nehem. 10, 15 u. 7, 8: Esra 2, 3: 8, 3 u. 10, 25).

Die allgemein beliebte gangbare Erklärung aller Erscheinungen im Bereiche der Kulturen des vorderen Orients mit den Zuständen des „ursemitischen" Nomadentums kann innerhalb einer auf ethnologischer und geschichtlicher Grundlage beruhenden Betrachtungsweise nicht mehr

---

[1] Vgl. Nöldeke, Beiträge zur semitischen Sprachwissenschaft.

als statthaft gelten.[1] Wir müssen vielmehr in erster Hinsicht darauf bedacht sein, die Erklärung oder doch wenigstens die Auffassung, welche damit verbunden wurde, in der allgemeinen orientalischen Weltanschauung und Weltenlehre zu finden, welche alles Denken des Orients durchdrang und die bei einer so wichtigen Sache wie einer Namensgebung unmöglich ausgeschaltet werden konnte. Denn der Name bedeutet für diese Weltanschauung sehr viel mehr als für uns — wo doch auch das Aussuchen eines sehr schönen und bezeichnenden Namens für den Neugeborenen dem Elternstolz keine geringen Schwierigkeiten bereitet.

Schon Clermont-Ganneau[2] hat darauf hingewiesen, dass hinter der heutigen Benennung der beiden Flüsse, welche das Stadtgebiet von Sidon im Norden und Süden begrenzen, Nahr-barghût und Nahr-ḳaml, — sich eine tiefere Bedeutung verbergen muss und es ist ganz im Sinne der sonstigen Benennung phönizischer Flüsse und der Grundsätze, welche die phönizischen und sidonischen Geographen annahmen,[3] wenn wir die Erklärung in einer Bezugnahme auf die Götter, denen die beiden Flüsse gehören, finden. Es scheint in der Tat,[4] als ob sich ein mythologischer Zusammenhang nachweisen lässt, und als ob dem Floh der Süden, der Laus der Norden gehöre, wie es mit den beiden Flüssen der Fall ist. Dann würden also die beiden Insekten in der Mythologie die Rolle der Tiere spielen, welche den beiden Hauptgottheiten — Mond und Sonne, obere und untere Welt, Nord- und Südpol[5] — gehören, nach dem Grundsatz, dass die Gottheit sich auch im kleinsten offenbart.[6] Was hier in einer scheinbar lächer-

[1] Nach den Ausführungen Winckler's in Arabisch-Semitisch-Orientalisch.
[2] Recueil d'archéol. V.
[3] Mitteil. VAG. 1904,4/05 S. 51 ff.
[4] Vgl. Winckler in VAG. 1904, Sitzung vom 4. Mai 1904.
[5] Vgl. Winckler, Altoriental. Forschungen III S. 291. Jeremias ATAO S. 46.
[6] Vgl. Mitt. VAG. 1904,4/05 S. 61 Anm.

lichen Weise zum Ausdruck kommt, wäre nichts anderes, als
wenn Marduk der Stier, Ninib der Adler, Nergal der Löwe,
Ešmun die Schlange u. s. w. heilig ist. Das betreffende Tier
ist die tierische Offenbarung der Gottheit, welche sich
ebenso in anderen Teilen der lebenden wie toten Schöpfung
wirksam zeigt. Floh und Laus wären also die Gottheiten der
betreffenden beiden Flüsse und die ursprüngliche mythologische
geographische Lehre hätte den Gedankenzusammenhang genau
gekannt.

Selbstverständlich dürfen wir für eine rein jüdische Zeit,
wie es die nach dem Exil ist, nicht annehmen, dass solche
Gedankenzusammenhänge noch gepflegt oder anerkannt wurden.
Die Geschlechternamen waren aber viel älter und müssen
auf jeden Fall auf vorexilische Zeit zurückgehen, wo in Jerusalem und im Lande die allgemeinen Einrichtungen der
orientalischen Religionen ja ausdrücklich als lebendig und
vom Jahvetum vergeblich bekämpft bezeugt werden. Bei
den Phöniziern sind sie selbstverständlich immer lebendig
gewesen.

Der Name צרף bedeutet demnach, dass sein Träger im
Schutze der betreffenden Gottheit — es wäre also die des
Südens Nergal = Saturn = Sonne oder Ea = Poseidon[1])
— stand und ein Geschlecht, das sich von einem so genannten Stammvater ableitet, war damit als nichts Anderes ge-
kennzeichnet als etwa „Stiersöhne" oder „Fuchssöhne" (banû
Taghlib der Araber, bnê Šu'âl der Israeliten) und ähnliche:
es waren Kinder der betreffenden Gottheit, der Gott war ihr
Stammvater.

[1]) Jeremias, ATAO S. 29.

Worterklärungen.

In der Zeitschrift der Deutschen Morgenländischen Gesellschaft 1904, S. 198, schlägt Praetorius für die bekannte crux ⸢⸣ in der Inschrift Ešmun-ᶜazars (4 und 20) vor zu fassen: ḳōne mî atta „wer immer du Besitzer sein mögest", statt des wohl allgemein nur, als Notbehelf empfundenen „meine Beschwörung (ergeht) an". Er beruft sich zur Stütze seiner Auffassung auf eine griechische Grabschrift, welche sagt: ὅστις εἰ ὁ ἔχων τὸ χῶρον μή,ποτε μεταχινήσῃς τούτων τι. Ich glaube, dass zunächst kein Zweifel sein wird, dass ⸢⸣ als mî atta „wer du auch seist" zu fassen ist, und finde, dass ich mir zu meiner Uebersetzung der Inschrift seit längerer Zeit nach Winckler notiert habe: „entweder ⸢⸣ Nisbe eines ⸢⸣ in der Bedeutung von fulân, oder aber ⸢⸣ = dem assyrischen mannu atta und dann ⸢⸣ = fulân??

Das ist in der Hauptsache dasselbe, was Praetorius vorschlägt, denn beide Auffassungen suchen einen Ausdruck für „wer immer". Die Erklärung von Praetorius hat aber den Vorzug, dass sie nicht mit einem Unbekannten für ⸢⸣ rechnet und dass sie zugleich durch eine griechische Parallele gestützt wird. Wenn ich trotzdem noch eine andere Möglichkeit erwägen möchte, so geschieht es aus dem Gefühl heraus, dass doch der Ausdruck, „wer immer du Besitzer seiest" sehr kurz und gezwungen erscheint, indem gerade das in der griechischen Parallele stehende χῶρον stark vermisst wird und wenn aus dem folgenden ⸢⸣ ergänzt, doch eine grosse Härte und Ungeschicklichkeit des Ausdrucks ergiebt. Auch erscheint es im Munde eines Königs eigentümlich, wenn er sich an einen späteren Besitzer seiner Grabstätte wendet.

Da wir den phoenizischen Sprachgebrauch nicht kennen, so mag immerhin eine Vermutung verstattet sein, welche diese Härte beseitigen würde, während sie Praetorius' Erklärung der Wortform annimmt. Danach muss ḳōnⁱⁱ einen Begriff bezeichnen, welcher im Folgenden als mamleket und adam in zwei Unterbegriffe zerlegt wird: wer du auch seist, König oder Untertan[1]) — der konē kann also entweder ein Fürst oder ein Untertan sein. Dazu würde ja die von Praetorius vorgeschlagene Bedeutung durchaus passen, aber es liegt auch die Möglichkeit vor, dass dieses Wort im Phoenizischen eine bereits weiter entwickelte Bedeutung angenommen hatte, welche es seines Participialcharakters entkleidete und es zu einem festen terminus machte. Bei Jesaja heisst es (1,3):

Ein Ochs kennt seinen Eigentümer,
ein Esel seinen Besitzer[2])

Hier werden in Parallele gesetzt, konē und baʿal „Besitzer, Eigentümer" als Synonyme, und wenn wir uns diese Parallele nicht als einen aussergewöhnlichen vom Dichter erst geschaffenen Ausdruck vorstellen, sondern als etwas Gewöhnliches der Volksrede, als eine Ausdrucksweise, welche gang und gäbe war, dann erhalten wir für konē eben die gewünschte, bereits zum vollen Substantivum erstarkte Bedeutung „Besitzer".

Mit dieser ist freilich in unserem Falle nichts anzufangen, wohl aber würde die völlige Gleichsetzung mit baʿal eine Bedeutung ergeben, welche unserem ursprünglich vermuteten „fulān" entspricht. baʿal bedeutet nicht nur den Herrn und Besitzer, sondern auch den Bürger. Denken wir uns einmal die Sprache der Phoenizier nicht nur auf dem Kothurne alttestamentlicher Prophetie stelzend, sondern auch als die von Kaufleuten und nüchternen Menschen, so müsste sie auch Ausdrücke ausgebildet haben, welche den Menschen in seinem Verhältnis zu seinen Mitbürgern und zum Staate bezeichneten.

In der Zeit der Blüte derjenigen Dynastie, deren Herrscher noch Namen führen, wie Phoenizier und Kanaanaer, wird ein „Freier" im babylonischen Recht als amēlu bezeichnet.[3]) Lassen wir es auf sich beruhen, ob die von Winckler aufgestellte Parallele[4]) awel = arabisch 'ūlā (Plural von dhū) richtig ist

---

[1]) Das bedeutet אדון hier (vgl. assyrisch niši Winckler).
[2]) Ich lasse אבס weg.
[3]) Vgl. Winckler, Das Gesetzbuch Hammurabis.
[4]) Winckler, Forschungen II S. 315.

oder nicht, so ist doch soviel klar, dass dasselbe Wort in der Tel-Amarnazeit in Kanaan zur Bezeichnung der Fürsten benutzt wird,[1] d. h. es hat eine Bedeutungsentwicklung durchgemacht, welche es neben baʿal und babylonisch bêlu stellt. Das babylonische amêlu Freier, Vollbürger, entwickelt sich zu kanaanäisch amêlu Fürst, wie kanaanäisch baʿal Bürger zu babylonisch bêlu Herr. Die Bedeutungsentwicklung ist also in beiden Fällen die umgekehrte, d. h. es liegt genau dieselbe Erscheinung vor wie im babylonisch-assyrischen šarru und malku gegenüber dem kanaanäischen קֹנֶה und עַם.

Veranschaulichen wir uns die Sache am Deutschen selbst, so wäre also schliesslich die Bedeutungsentwicklung dieselbe wie in unserem „Herr", das zuletzt der Titel eines jeden „Freien", d. h. in modernen Verhältnissen eines jeden geachteten Vollbürgers oder wie man sonst die moderne Kulturblüte bezeichnen will, geworden ist. In unserer Inschrift würden wir uns dann zu denken haben, dass ḳǒnë gesetzt wäre als völliges Synonym von baʿal[2]) und dass das geschehen wäre, weil es der gewöhnliche Ausdruck war, mit dem ein Bürger bezeichnet wurde[3]), also „Mensch, Bürger, Herr" oder

---

[1]) Winckler, Forsch. III S. 177.

[2]) Vgl. hierzu den Vorschlag von Winckler (Forsch. II S. 317), das Τυριων des römischen Vertrags mit Karthago als χυριων = בַּעֲלֵי Bürger von Karthago zu erklären.

[3]) Winckler macht noch auf folgende Parallele aufmerksam, welche gerade für ein handeltreibendes Volk diese Entwicklung der Bedeutung in ein helles Licht setzen würde: im Babylonischen heisst der Kaufmann tamkaru von mkr Besitz. Der Kaufmann ist also ursprünglich nicht der Verkaufende, sondern der Besitzende oder Erwerbende. Im Hebräischen heisst קָנָה kaufen, מָכַר verkaufen — sollte hier wieder ebenfalls die gegenteilige Entwicklung der Bedeutung mitspielen? In Babylon ist ferner der tamkaru ein Beamter des Königs, der ursprünglich aus einem Grossbesitzer entstanden sein muss (Winckler, Gesetze Hammurabis, zu § 40). In dem Handelsstaate Sidon müsste die sociale Entwicklung den Kaufmann mit dem Vollbürger gleichgesetzt haben, ein ḳǒnë, ein Kaufmann, konnte nur ein Angehöriger der Geschlechter, ein Patricier sein, also ḳǒnë dann in weiterer Entwicklung = baʿal = Bürger und ehrenvolle Anrede (arabisch çaḥib).

wie man übersetzen will „wer du auch seist, ein König oder ein Untertan".

Practorius fasst auch die Worte der Tabnit-Inschrift: „wer du auch seist, der diesen Sarg zu Besitz erhältst", nimmt also eine Bedeutung von ברח an, welche mehr das Gewicht auf das Besitzen als das Finden legt, wie man sie in einigen alttestamentlichen Stellen zugrunde legen kann (Sprüche 3, 13: 8,35; 12,2; 18.22; vgl. Siegfried Stade, Lexicon unter ברח II und Hiphil: zu teil werden lassen, gewähren). Allein bei Tabnit passt diese Bedeutungsentwicklung schlecht zum Object „Sarg", hier ist doch wohl die Betonung des Findens das Einzige, was man annehmen kann: der du diesen Sarg findest — beim Ausgraben, denn die Schatzgräberei war ja auch im Altertum im Schwange. ברח hat als Synonyn מצא auch im Hebräischen (vgl. auch Winckler, Geschichte Israels II S. 266, wo für Jesaia 29,3 vorgeschlagen wurde וחפרתי zu lesen statt וחניתי: und ich liess nachgraben. Hierdurch wird übrigens ein Wortspiel mit dem vorhergehenden קבר hergestellt!).

In Tyrus (= No. 13 meiner Zusammenstellung in Heft 2 dieser Beiträge) ist wenigstens soviel klar, dass die Inschrift melden sollte den Bau oder die Errichtung von זה הבן, der Hälfte dieses zf, wie man zunächst übersetzt hat. Schwierig ist dann schon in Zeile 6 את הבן הזה, wo der Artikel von הבן als fehlerhaft angesehen werden muss, wenn man die Status constructus Verbindung annehmen will.

Wenn man sich zunächst rein sachlich fragt, bei welcher Gelegenheit eine Inschrift gesetzt werden kann, so ergiebt sich von vornherein die Unmöglichkeit dieser Erklärung. Entweder wird sie zu Anfang oder während des Baues gesetzt, wie es bei den Inschriften Bod-Astarts am Esmuntempel der Fall war, dann heisst es: „ich habe das und das gebaut". Oder sie wird zum Schlusse der Arbeiten angebracht, dann heisst es erst recht: „ich habe das und das vollendet". Dass aber ein Bauherr urbi et orbi verkünden wird: „ich habe

dieses Bauwerk zur Hälfte gebaut, d. h. meine Kräfte und
mein Opfermut haben nicht ausgereicht, um es zu vollenden,
das müsste erst einmal durch ein Beispiel erwiesen werden,
ehe es glaubhaft erscheinen könnte. Ganz etwas anderes ist
es natürlich, wenn ein Nachfolger[1]) erzählt: mein Vorgänger
hatte den Bau nur halb fertig gebracht, ich habe ihn vollendet.
Das wäre im Gegenteile nur die Bestätigung unserer Regel,
dass die Bauinschrift von der Vollendung eines Baues melden
muss. Damit ist dann bereits ausgesprochen. dass das ange-
zweifelte Wort entweder etwas völlig anderes bedeuten muss,
„den hǫj dieses zf" oder dass es heisst: diesen ganzen zf. Wir
haben also hier ein weiteres Beispiel für die von Winckler[2])
erschlossene Bedeutung des Wortes סך „Summe, Gesamtheit",
welche das Rätsel von Mesa 8 löst und eine Anzahl bib-
lische Stellen erklärt[3].) Bei dieser Fassung besteht auch die
Möglichkeit, den Artikel der zweiten Stelle zu erklären.
Während es an der ersten heisst „die Gesamtheit des zf",
wäre an der zweiten gemeint das „Ganze, den zf (und . . .)".

---

[1]) Was in unserem Falle nicht anzunehmen ist.
[2]) Altorient. Forsch. II S. 405. Cooke Textbook of North Semitic
Inscriptions p. 10 Anm. 2 sagt zu dieser Erklärung weiter nichts als :
„Winckler, cuts the knot by making the half mean the whole".
In Wirklichkeit liegt die Sache doch wohl so, dass die übrigen Erklärer
make the whole mean the half, wobei dann eben Widersinn an
allen Ecken und Enden herauskommt.
[3]) Eine weitere Stelle fügt Winckler (in persönlicher Mitteilung)
hinzu: Nehemia 13,24, wo Winckler jetzt nicht, wie Forsch. II S. 488,
fassen will: ihre Kinder sprachen nichts als (אשדודית) asdodisch, sondern
— dem Sinne nach auf dasselbe hinauskommend: sprachen alle asdodisch, statt des sinnlosen „sprachen zur Hälfte asdodisch" (l. mit Winckler
אשדודרית „Aramäisch". Nehemia entrüstet sich, dass die Judenkinder
nicht hebräisch sprechen, sondern die Sprache ihrer babylonischen
Mütter.) — Vgl. auch Winckler, Forsch. III S. 152 Anm.

Beiträge

zur

Altertumskunde des Orients.

Von

Wilh. Dr. Freih. v. Landau.

———

V.

Babylonisches vom Mittelmeer. — Bes als Meergreis. —
Das Tor von Rumeli. — Engonasin.

Leipzig.
Verlag von Eduard Pfeiffer.
1906.

Babylonisches vom Mittelmeer.

Das Verhältnis Babyloniens zum Westen — Phönizien
und weiterhin die Mittelmeerländer — in ältester Zeit
ist durch die neueren Funde in ein Licht getreten,
welches uns nötigt, Ernst zu machen mit dem Aufgeben
altererbter Anschauungen. Die ehemals vorgeschichtlichen
Zeiten des dritten Jahrtausends v. Chr. sind es auch für diese
Länder nicht mehr, seitdem wir die unanfechtbaren und sich
allmählich vermehrenden Zeugnisse für eine politische Herrschaft Babyloniens haben, die auch auf das Mittelmeer hinübergriff und zum mindesten ebenso weit, wenn nicht weiter ge-
reicht hat, als es später die Assyrische tat. Auch hier gilt
also der Grundsatz, der z. B. für die notwendigen Schlussfolgerungen in Bezug auf das israelitische Altertum der vor-
keilschriftlichen [1] Zeit uns so schwer eingehen will, [2] dass
Babylonien in jener ältesten Zeit nicht darum weniger Einflüsse auf die anderen Länder ausgeübt hat, weil wir weniger
davon wissen [3]. Die Bedeutung der Periode der altbabylon-
ischen Kultur, welche sich für uns vorläufig noch hauptsächlich an die Namen Sargon von Agade und Naram-Sin

---

[1] Denn so wird man wohl allmählich auf diesem, wie auf man-
chem andern Stück der Altertumskunde scheiden müssen: den Aus-
gangspunkt für die neue Betrachtungsweise, für die Festlegung ganz
neuer Grundsätze, bildet die Verwertung der Keilinschriften.

[2] Vgl. Winckler, Krit. Schriften IV S. 19.

[3] Vgl. über den naiven Fehler, welcher die Stärke der Einflüsse
nach der Menge und nicht dem Gewichte der Quellen beurteilt:
Die Bedeutung der Phönizier (in Ex Oriente lux I 3) S. 1—3.

knüpft, konnte erst in den letzten Jahren voll erkannt werden [1]); der Zufall hat es gefügt, dass die immerhin lückenhaften Nachrichten, die in ihrer ausführlichsten Form in den bekannten Omina-Tafeln aus Assurbanipals Bibliothek vorliegen, durch sich ständig vermehrende Denkmäler der alten Zeit selbst bestätigt werden. War unsere Stellungnahme zu diesen Omina, die man historisch nicht ohne weiteres verwerten konnte, durch die sie als geschichtlich bezeugenden gleichzeitigen Daten [2]) völlig verändert worden, so sind seitdem die Bestätigungen für die unseren Vorstellungen so wunderbare Ausdehnung der babylonischen Macht in jener Zeit auch in Gestalt von Inschriften des Königs Naram-Sin selbst hinzugekommen [3]).

Wenngleich wir nicht hoffen können, die für die Beurteilung der Ausdehnung im Mittelmeer so wichtigen Angaben durch Originalfunde sobald bestätigt zu sehen [4]), so haben diese Funde doch gestattet, die nötigen Folgerungen für ein schon längere Zeit in British Museum befindliches, aber immer noch nicht im Originaltext veröffentliches Bruchstück zu ziehen. Wie die neuen Inschriften die Bestätigung und Vervollständigung der Angaben der Omina über die Siege in Magan, so enthält dieses die weitere Ausführung von Sargons Siegen in Amurru, d. h. Phönizien [5]). Es würde an und

---

[1]) Es ist geschehen bei Winckler, Die babylonische Kultur S. 13 ff. und in den darauf folgenden Schriften; s. jetzt Geschichtsforschung und Alter Orient (Mitteil. der VAG. 1906) S. 74 ff.

[2]) Veröffentlicht von Thureau-Dangin 1896 août 28, vgl. dazu Winckler, Forschungen I S. 550.

[3]) Winckler, Geschichtsforschung und Alter Orient S. 77.

[4]) Was immerhin nicht weniger möglich wäre als der Fund der Inschrift über die Siege in Arabien, aus Susa; vgl. dazu wie zu der Deutung der grossen Siegestele Naram-Sins in Susa auf den arabischen (Magan) Sieg Scheil in der Susa-Publication VI S. 2.

[5]) Das Bruchstück war erwähnt worden von Jensen in Zeitschrift für Assyriologie XV S. 248 Anm. 1. Die richtige Deutung ist gegeben in Wincklers Forsch. III S. 350, vgl. auch dessen Die Euphratländer und das Mittelmeer (Alter Orient VII 2) S. 13, sowie mein: Die Bedeutung der Phönizier S. 30.

für sich dieses Zeugnisses nicht mehr bedurfen, um den Einfluss Babyloniens auf Phönizien und den Westen zu erweisen. Dieser bildet die Voraussetzung für ein Unternehmen, das auf das Mittelmeer hinübergriff, denn nur mit Hilfe von seinen Schiffen und bei völliger Beherrschung der Seehäfen war dies möglich. Nur wer wie die Perserkönige über die phönizischen Häfen und ihr Schiffsmaterial verfügte, konnte einen dreijährigen überseeischen Kriegszug ausführen und seinen Statthalter in Mittelmeergebieten einsetzen. Aber es ist in Anbetracht der Hartnäckigkeit, welche diesen einfachen Folgerungen entgegengesetzt wird, doch sehr willkommen, dass sie, die aus allgemeinen Voraussetzungen heraus gemacht worden waren, ihre Bestätigung durch die Inschriften finden. Gerade die Erkenntnis von der Notwendigkeit dieser Voraussetzung[1]) für Sargons Unternehmungen bildete den Grund für die richtige Erkenntnis der Bedeutung des betreffenden Bruchstückes, mit der Nachricht von der Unterwerfung von „32 Königen der Küste[2]) des Meeres", welches nur das Mittelmeer sein kann, da kein anderes in Betracht kommt. Der Name des betreffenden Königs ist nicht erhalten, es ist für die Würdigung der allgemein geschichtlichen Bedeutung auch völlig gleichgültig, ob es Sargon von Agade, Naram-Sin oder ein anderer König des gleichen Zeitalters war, der die phönizische Küste beherrschte, denn über die Zugehörigkeit in diese Zeit herrscht kein Zweifel. Nur werden wir es demjenigen von den in Betracht kommenden Königen zuschreiben wollen, von dem eben die gleiche Tatsache sicher bezeugt ist[3]).

Damit haben wir in diesen zwei Angaben eine der wichtigsten Nachrichten für die älteste Geschichte des Orients,

---

[1]) Winckler in Alter Orient IV 1 und Forschungen a. a. O.

[2]) abarti = Küste nach Wincklers Deutung a. a. O.

[3]) Die Angabe der Omina lautet (K B III 1 S. 103): Sargon, der unter diesem Vorzeichen nach Amurru (Mar. Tu) zog, Amurru unterwarf, die vier Weltgegenden eroberte.

insofern sie nämlich die Beziehungen zu den für die Entwicklung unserer Kultur am meisten inbetracht kommenden Ländern betreffen. Phönizien und die ganze Mittelmeerküste erscheinen hier völlig in der gleichen Rolle wie nur je in den Zeiten eines Senacherib und Assurbanipal, denn soviel geht auch schon aus der Zahl der Städte (32) hervor, dass hier die ganze Küste oder besser ganz Phönizien und Palästina als eins behandelt wird. Die späteren Phönizierstädte, die ja in ihrer vorphilistäischen Zeit ebenfalls „phönizisch" gewesen sein müssen, gehören zweifellos mit dazu. Also ganz so, wie man es als eine Voraussetzung der Eroberung überseeischer Länder sich vorstellen musste, sind unter diesen 32 Städten die Hafenstädte der phönizischen Küste: Arvad, Gebal, Beirut, Sidon, Tyrus, Akko, Jaffa, Askalon und Gaza gewesen, genau so, wie wir sie in der Tel-Amarnaperiode wiederfinden, und wie sie uns von da an in assyrischer, persischer und späterer Zeit immer wieder begegnen.

Das muss immer wieder hervorgehoben und stets auf's neue in seiner ganzen Bedeutung für unsere Auffassung von den Beziehungen des Orients zu den Mittelmeerländern klargestellt werden, denn hierin liegen die sprechendsten Beweise für Tatsachen, die, obgleich an und für sich selbstverständlich, doch mit so grosser Beharrlichkeit aus der Beurteilung der weltgeschichtlichen Zusammenhänge ausgeschaltet werden. Obgleich selbstverständlich erscheinen doch gerade diese Zusammenhänge dem allgemeinen historischen Bewusstsein noch so fremdartig, dass man sie gern als kühne Spekulationen dem „Dilettantismus" überlässt und innerhalb der exakten Wissenschaft sich an die hergebrachte Zusammenhangslosigkeit hält. Unsere Angaben aber haben allen Anspruch darauf, als unanzweifelbare geschichtliche Nachrichten zu gelten, und man kann etwas Greifbareres oder Exakteres wohl kaum erwarten oder verlangen. Darum werden Vorstellungen, die sich darauf bauen, immerhin noch solider begründet sein, als solche, die nur die vorgefasste Meinung aus dem Nichts heraus entwickeln.

Man wird nach den neuen, Epoche machenden Funden
auf Kreta allmählich wohl nun dazu kommen, die vor-
griechische Geschichte des Mittelmeeres mit in den Bereich
einer weltgeschichtlichen Betrachtung zu ziehen und die Tatsachen, die uns dort entgegentreten, können dann auch in einen
gewissen Zusammenhang mit den Ereignissen gebracht werden,
die uns hier beschäftigen. Kreta muss von Ägypten aus
beeinflusst worden sein und die Zeugnisse des Verkehrs und
der Verbindungen liegen vor. Es muss aber auch durch
die euphratensische Kultur seine Anstösse empfangen haben,
denn die babylonische Kultur hat, wie der Tel-Amarnafund
gelehrt hat, von den beiden den tiefer gehenden Einfluss ausgeübt. Wenn Kreta ein vorgeschobener Posten des Griechentums ist, so steht es ungefähr in einer gleichen Stellung,
wie die kleinasiatischen Länder, welche, wenn auch in älterer
Zeit nicht so stark dem Griechentum unterworfen — was
durch die persische Herrschaft verhindert wurde — doch
ein Zwischenglied zwischen Orient und Mittelmeer bilden. Wir
haben durch die neuesten Funde in Verbindung mit denen
von Tel-Amarna den Beweis, dass auch Kleinasien in der
gleichen Zeit ganz ebenso wie Palästina und Ägypten selbst
sich der Keilschrift bediente und das babylonische Schriftwesen im eigentlichen Verkehr anwandte.[1]) Das sollte doch
wohl seiner ganzen Bedeutung nach gewürdigt werden, denn
solche Tatsachen sprechen eine eindringlichere Sprache als
blosse Anklänge oder Entlehnungen in Erzeugnissen der
Kunst und des Gewerbes — ohne damit diesen ihre Beweis-
kraft absprechen zu wollen.

Also auf kleinasiatischem Boden war die babylonische
Tontafel das Schreibmaterial und die babylonische Schrift
das geistige Verkehrsmittel. Wenn an den König des Landes
am rechten Halysufer von seinen Untergebenen genau in
derselben Sprache und Schrift geschrieben wird, derer sich

---

[1]) Vgl. Winckler, Alter Orient und Geschichtsforschung (MVAG
1906, 1) S. 73 Anm. 2 und in Ex Oriente Lux II S. 23/24.

die palästinensischen Fürsten in ihren Briefen an den Pharao
bedienen, wenn der König von Hattiland ebenfalls mit dem
König von Ägypten in derselben Sprache seinen diplomatischen
Briefwechsel unterhält, so folgt daraus, dass auch in seinem
Machtbereiche dieselben Erscheinungen anzunehmen sind.
Und dieser Machtbereich muss den ganzen Westen von Kleinasien umfasst haben, denn der Sitz des Hattireiches ist westlich
vom Halys zu suchen, also mindestens in Phrygien,[1]) dessen
späteres Königtum nur eine Erneuerung des alten Hattistaates
ist. Dann müssen aber bei der Ausdehnung und Bedeutung
des Hattireiches in der Zeit, wo es erobernd vorging, also als es
Ägypten aus Syrien und Nordpalästina verdrängte, auch die
kleinasiatischen Küstenlandschaften im Westen ihm gehört
haben. Also auch dort, in den späteren Städten des äolischen,
ionischen und dorischen Griechentums muss man damals genau so wie gleichzeitig in Tyrus, Sidon, Gaza sich der babylonischen Schrift und Sprache bedient haben. Hier gibt es
keine Grenzlinie gegen den Westen hin, auch die Inselwelt kann
nie dauernd von der kleinasiatischen Küste abgeschlossen gewesen sein. Das zeigt ihre Geschichte in der persischen zur
genüge und sogar das neubabylonische Reich Nebukadnezars
hat ja seine Einflüsse hier geltend gemacht.[2])

Umgekehrt beweist freilich gerade auch ihre Geschichte,
dass die Inseln die Brücke zur westlichen Mittelmeerwelt
bilden und also umgekehrt auch deren Einflüssen unterliegen.
Wenn daher auf Kreta sich eine Mischkultur mit grossen
ägyptischen Einflüssen feststellen lässt, so wären nach alledem
auch die babylonischen von vornherein zu erwarten. Sie
liegen wohl am deutlichsten vor in dem wichtigsten Ergebnis
der Kretischen Ausgrabungen, den beschriebenen Tontafeln,
welche dort so zahlreich gefunden worden sind.

---

[1]) Winckler, Altorientalische Forschungen II S. 136 Midas =
Mitä von Muski, der Erbe des „Hattilandes".

[2]) Unter Pittakos auf Lesbos vgl. Winckler, Altorientalische
Forschungen I S. 511 ff.

Wenn man die beiden grossen orientalischen Kulturländer auf ihre Einflüsse nach dieser Richtung hin beobachtet, so wäre nach allem, was wir über die Bedeutung und Verbreitung der babylonischen Schrift und Sprache wissen, von vornherein eine grössere Bedeutung Babyloniens zu erwarten. Wenn aber dort die Tontafel anstatt des Papyrus als das gangbare Schreibmaterial gilt, so ist damit der deutlichste Fingerzeig gegeben, dass eine Entlehnung aus babylonischem Kulturgebiet vorliegt.[1] Das tritt aber nach bekanntem ethnologischen Gesetz noch mehr hervor, wenn man den Charakter der Kretischen Schrift als einer Buchstabenschrift in Betracht zieht. Denn für eine solche ist die Tontafel mit dem ritzenden Griffel weniger geeignet als der Papyrus und der Farbe auftragende Pinsel. Ebenso wie in der Baukunst die Verwendung des Steines in grösserem Umfange auf ägyptischen Einfluss, die Benutzung des Lehmes und Backsteines auf babylonische Einwirkung hinweist, so muss man aus der Tontafel als Schreibmaterial die Anlehnung an Babylonien erschliessen.

Damit ist dann aber auch mit Notwendigkeit geboten, die Folgerungen aus solchen Tatsachen für die Vorstellungen über die Kulturverhältnisse der Mittelmeerländer in vorgriechischer Zeit zu ziehen. Und diese decken sich mit dem, was wir aus den wenigen geschichtlichen Angaben entnehmen mussten. Eine Verbindung, ein Verkehr der Kulturländer jener Zeit ist damit bezeugt und muss in derselben Weise vorgestellt werden, wie ihn die geschichtlich seit jeher bekannten Zeiten aufweisen. Ein grundsätzlicher Unterschied zwischen den Zuständen jener nicht vorgeschichtlichen Zeit und der geschichtlichen — griechischen und nachgriechischen bis in's Mittelalter und auf den heutigen Tag — hat nicht bestanden.

Es wird nach wohlbekannten Erfahrungen eine geraume Zeit dauern, ehe diese Erkenntnis sich auch praktisch in allen ihren weiteren Schlussfolgerungen durchsetzt und es wird

---

[1] Vgl. Die Bedeutung der Phönizier S. 4/5.

vor allem noch mancher Funde bedürfen, ehe das, was einer ethnologisch-historischen Betrachtungsweise selbstverständlich ist,[1] auch von der in rein philologischer Anschauungsweise befangenen klassischen Altertumskunde aufgenommen wird. Wer vom Orient herkommt, ist meist eher imstande, die geschichtlichen Folgerungen zu ziehen.

Von Funden, welche ihren babylonischen Ursprung deutlich bekunden, sind bis jetzt nur wenig gemacht worden. Wenn man absieht von der Zeit des assyrischen Einflusses auf Cypern, der in den Inschriften bezeugt ist, und in der bekannten Stele Sargons aus Kition eine Urkunde hinterlassen hat, welche sicher weltberühmt wäre, wenn sie statt in Keilschrift griechisch abgefasst wäre, so sind bis jetzt nur wenig Stücke gefunden worden, welche Keilschrift tragen, und diese gehören obendrein in die Ordnung der verschleppbaren Gegenstände, denn es sind Siegelsteine oder ähnliche.

Man hat sie deshalb bis jetzt wohl mehr unter diesem Gesichtspunkte betrachtet, wenngleich die Logik der Tatsachen neuerdings dazu führte, auch die andere Seite der Sache in Erwägung zu ziehen.[2] Je klarer allmählich nicht nur eine Beeinflussung seitens des euphratensischen Kulturkreises durch Entlehnung oder auf dem Verkehrswege, sondern auch in unmittelbar politischer Beziehung wird, um so mehr muss man auch mit der Möglichkeit rechnen, dass solche Stücke keine Zufallsfunde darstellen, welche auf irgendwelchen dunkeln und für nähere Zusammenhänge nichts beweisenden Wegen, als Kuriositäten oder dergleichen an den Ort der Auffindung gelangt sind, sondern dass sie Zeugnisse einer lebendigen Herrschaft ihrer Kultur an Ort und Stelle darstellen, dass also ihre babylonischen Urheber nicht als versprengte Glieder, sondern als Bestandteile einer gleichartigen Bevölkerung oder doch als regierende Herren oder Beamte in den Bereich des Mittelmeeres gekommen sind.

---

[1] Die Entwicklung der Phönizier (Ex Oriente Lux I 4) S. 1 ff.
[2] Vgl. U. Köhler in Sitzungsberichte Berl. Ak. 1897 XIV „Über Probleme der griechischen Vorzeit".

Mir sind vier Stücke bekannt, welche, weil mit Schrift
versehen, als wichtige Zeugnisse babylonischer Einflüsse angesehen werden müssen, und auf die ich die Aufmerksamkeit
nur lenken möchte, damit wenigstens die Möglichkeit einer
solchen Bedeutung jetzt erneut in Erwägung gezogen wird.
Sie gehören nach dem Urteile der Sachverständigen einer
zweifellos weit vorassyrischen Zeit (d. h. früher als 1000 v. Chr.)
an. Da drei von ihnen auf Cypern gefunden sind, so kann
ihre Keilschrift nichts Befremdliches haben; denn wenn im
15. Jahrhundert der König von Alašia = Cypern seine Briefe
in Keilschrift schreiben lässt, so kann es nur als eine entsprechende Erscheinung angesehen werden, dass — abgesehen von Siegelzylindern, welche babylonischen Mischstil
zeigen — auch einige mit Keilschrift gefunden werden. Nur
dass freilich diese Keilschrift in den vorliegenden Fällen nicht
„alašiotisch", d. h. die an Ort und Stelle zur Tel-Amarnazeit
gebräuchliche, sondern rein babylonisch ist. Die Schreiber
sind also zum Teil keine Cyprioten oder doch wenigstens
dem cyprischen Bevölkerungskreise Angehörige, sondern
Babylonier gewesen und selbst in diesem Ausnahmefalle ist
der Charakter der Schrift, wie mir einstimmig bestätigt wird,
rein babylonisch, d. h. saubere, von keinem „barbarischen"
Einflusse berührte Keilschrift,[1]) wie sie etwa die Tel-Amarna-
zeit voraussetzen lassen würde.

Auf das eine Stück hat jüngst U. Köhler[2]) die Aufmerksamkeit gelenkt. Es war 1853 in der Transactions of
the Royal Society of Litterature (S. 255) von Martin Leake
in dem Auszuge des Berichtes eines ionischen Griechen,
dessen Vater britischer Konsul auf Kythera gewesen war,
über diese Insel und ihre Altertümer veröffentlicht worden.
Es soll an der jetzt Palaiopolis genannten, auf der Ostseite
der Insel gelegenen Ruinenstätte gefunden worden sein.

---

[1]) Und wie sie in den beiden Siegeln der beiden „Fürsten" von
Sidon Adumu und Annija vorliegt, s. Winckler, Forschungen III
S. 177.

[2]) In dem S. 10 Anm. 2 angeführten Aufsatze.

Die von Köhler wiederholte Zeichnung der damaligen Abschrift genügt, um den Inhalt in seinen Hauptzügen fest-zulegen, wenngleich manche Einzelheiten wegen der Mängel der Zeichnung unklar bleiben. Die Lesungen, welche Winckler in der Veröffentlichung Köhlers gegeben hat, sind, neu durch-gesehen, folgende:

1. a-na ilu ? ? ? . .   1. dem Gotte N. N.
2. ša ni-mu-na(?) [ki?]   2. von Ni-mu-na (?)
3. ilu na-ra-am-ilu sin   3. Naram-Sin
4. mâr ilu i-bi-ik-ilu A[dad?]   4. Sohn von I-bi-ik-A[dad?]
5. a-na ba-la-ti-šu   5. für sein Leben.

Zu 1. Die Lesung des Gottesnamens will noch nicht gelingen: i oder mi, nu + ki, oder mu + ku, am Schlusse wohl ein Zeichen abgebrochen, ergeben nichts befriedigendes.

Zu 2. Der Ort (also ki am Schlusse abgebrochen, aber auch ein Silbenzeichen möglich?), ist wohl durch das ša ge-sichert.

Zu 3. Statt meiner Lesung Šamaš-ra-am-Šur.Ba hat De-litzsch (in persönlicher Mitteilung) das richtige erkannt: Naram-Sin. Dann sind die beiden Strichel am Anfange nicht als Ver-sehen für einen Personenkeil, sondern als das an den übrigen Stellen (Zeile 1, 3, 5) deutlich gegebene Kreuzchen am An-fange von An = ilu zu fassen, also zu diesem zu ziehen. Also wird der Eigenname Naram-Sin hier genau so wie in dem Siegel aus Kurion mit dem Gotteszeichen geschrieben.

Zu 4 und 5 ist nichts zu bemerken, als dass sie dem gewöhnlichen Tenor solcher Weihungen entsprechen.

Nach der Wiedergabe der Schrift muss man zunächst annehmen, dass das Original etwa in der Kassitenzeit ge-schrieben worden sei, wo diese Art Schrift sich auf zahl-reichen kleinen Weihgegenständen findet, deren Inschrift auch entsprechend lautet.[1]) Wenn man aber die drei Stücke aus Cypern vergleicht und namentlich dass zu deren ersten gelegentlich des Namen Naram-Sin auszuführende, so kann

---

[1]) Wie z. B. das a. a. O. schon herangezogene: „Bel, seinem Herrn, hat Kurigalzu, Sohn von Burnaburiaš, geschenkt".

doch wohl der Annahme Raum gegeben werden, dass die Schrift des Originales den gewöhnlichen, sorgfältig eingegrabenen babylonischen Typus gezeigt hat und sich äusserlich nicht wesentlich von dem dieser drei Stücke unterschied, dass also der kritzelnde Strichelcharakter der Schrift nur von dem Abschreiber herrührt, der zu seiner Zeit noch keine Ahnung von Keilschrift und ihrem Wesen haben konnte und deshalb die mystischen Zeichen nicht recht wiederzugeben wusste. Dann würde man den Ursprung des Täfelchen — Zeit und Land — ebenso beurteilen können, wie den der Stücke von Kurion.

Soweit Winckler über dieses Täfelchen.

Die drei andern Stücke sind zusammen von Chesney auf Cypern gefunden worden und zwar in dem bekannten „Königsschatze von Kurion" zusammen mit anderen ähnlichen, aber nicht mit Inschrift versehenen Stücken assyrischen oder assyrisierenden Charakters.[1]) Dass die Niederlegung in dem Schatze nicht in allzu alter Zeit stattgefunden haben kann, beweist das in diesem gefundene goldene Armband mit der cyprischen Inschrift des Königs Ituandar von Paphos. Denn dass dieser derselbe ist wie der von Assarhaddon und Assurbanipal, also etwa zwischen 675 und 660 genannte König von Paphos, braucht wohl nicht bezweifelt zu werden.[2])

Dadurch kommen wir dann freilich in eine ziemlich schwierige Lage für die Bestimmung der Entstehungszeit der drei Stücke. Denn wenn der Schriftcharakter „gutes Altbabylonisch" sein soll, wie mir die Fachkundigen sagen, so soll daraus wenigstens soviel hervorgehen, dass nicht in die assyrische Zeit (nach 1000 v. Chr.) herabgegangen werden

---

1) Cesnola, Cypern, Kap. 11, deutsche Ausgabe S. 270, 330.
2) Cesnola a. a. O. — Freilich bleibt dabei — wenn es auch für die zeitliche Ansetzung nichts besagt — noch die Frage, wie dieses Stück nach Kurion kam, das doch damals einen eigenen König hatte. Als Geschenk?

kann und dass die eigentliche Blütezeit dieser Schrift die der „ersten Dynastie von Babylon" — um 2000 v. Chr. — gewesen sei. Allerdings sind Nachahmungen des archäischen Schriftcharakters in späterer Zeit nicht ausgeschlossen.

Unter solchen Umständen liegt denn doch ein so grosser Zeitraum zwischen Blütezeit der Schrift und Niederlegung im Schatze, dass man eine Aufbewahrung selbst als Wertstück oder Merkwürdigkeit nur sehr schwer annehmen kann. Mehr als ein Jahrtausend ist doch eine zu lange Zeit, als dass man eine Erhaltung solcher Stücke sich ohne zwingenden Nachweis vorstellen könnte.

Alle drei Stücke sind Siegelcylinder der gewöhnlichen Art. Ich gebe zunächst die Lesung und sonstigen Bemerkungen Wincklers:[1]

1.	1. mâr-Anunit (Ben-Astart)		1. Mâr-Anunit (Ben-Astart)
	2. mâr ilu-ba-ni		2. Sohn Ilu-ba-ni's
	3. arad ilu na-ra-am-ilu sin		3. Diener Naram-Sin's.

1. Der Name ist, wenn nicht babylonisch, dann wohl phönizisch zu lesen, wobei Annunit-Istar einer Astart oder Ašera (Tel-Amarna: Ašrat, Aširt; Hammurabi: Aš-ra-tum) entsprechen würde. Zwar ist ein mit Anunit gebildeter Name bei einem „Diener Naram-Sin's" sehr einleuchtend bei babylonischer Herkunft, aber Namen wie Mâr . . . sind im Babylonischen nicht gebräuchlich. Ebenso wäre auffällig — hier wie in Nr. 3 — das Fehlen des Personenkeiles.

3. Der Name Naram-Sin ist hier ebenso wie auf dem Täfelchen von Kythera mit vorgesetztem Gotteszeichen geschrieben. Das ist auffällig und muss einen bestimmten Grund haben. Es steht zu erwägen:

a. In Babylonien ist diese Schreibweise nur möglich zu Lebzeiten des Königs, oder so lange sein Kult gepflegt wurde.

b. Sie ist ausgeschlossen bei einem Privatmanne.

---

[1] Die drei sind seiner Zeit behandelt worden von Sayce in den Transactions of the Society of Biblical archaeology vol. V.

c. In unserer Inschrift ist möglich 1. dass der „Diener"
als Diener des Königs, 2. des Gottes Naram-Sin gemeint ist.
Beides würde für die Frage nach dem Alter keinen grossen
Unterschied machen, wenn das Siegel babylonisch ist.

d. Die Schreibung mit Gotteszeichen ist für einen andern
als den König nicht möglich: da in dem Kythera-Täfelchen
sie sich doch findet, so stellt sie einen Fehler dar, welcher
nur im Auslande erklärlich ist. Dort würde man sich vorstellen können, dass der Name in der Form, wie es für den
alten König gebräuchlich geworden war, auch weiter geschrieben wurde.

e. Das würde aber von grösster Tragweite für die Bedeutung des babylonischen Einflusses im Westen sein, denn
es liesse sich doch nur so erklären, dass dieser Name als der
des Königs, welcher einst bis aufs Mittelmeer geherrscht hatte,[1])
dort ein besonderes Ansehen genoss und sich lange erhielt.

f. Des weiteren würden daraus aber sehr weitgehende
Folgerungen über die Dauer babylonischen Kultureinflusses
zu ziehen sein.[2])

g. Es wäre dann denkbar, dass auch der Naram-Sin
des Siegels nicht der König von Babylonien ist, sondern
ebenfalls diesen Namen später führte — jedoch natürlich
nicht in „assyrischer" Zeit. Auch er müsste ein König, d. h.
ein einheimischer Fürst gewesen sein, denn die Bezeichnung
„Diener des . . ." findet sich auf solchen Siegeln doch nur
(vgl. auch die Siegel mit phönizischer oder israelitischer
Legende) bei „Dienern des Königs" oder doch entsprechender
Persönlichkeiten, nicht bei beliebigen Privatleuten. Auch
Weihungen wie die des Kythera-Täfelchens pflegen nicht von
untergeordneten Personen dargebracht zu werden — vgl. die
Weihungen der Kassitenkönige.

---

[1]) Vgl. die Ausführungen über sein Reich und die Wiederbelebung
der alten Erinnerungen durch die Politik Assarhaddons in Alter
Orient und Geschichtsforschung S. 80.

[2]) Der ja aber ohnehin durch die Keilschrift in Alašia und bei
den Hatti (vgl. S. 8) bezeugt ist.

Die Schrift ist „altbabylonisch", wobei die nähere Epoche nicht bestimmt werden kann — die Zeit Naram-Sin's wie Hammurabi's ist in gleicher Weise möglich. Die Darstellung deutet auf einen nicht babylonischen Ursprung, denn sie häuft Gegenstände, die sich auf rein babylonischen Siegeln der inbetracht kommenden Zeiten nicht finden.

2. 1. ilu marduk bil kiššati nûrika-di-di(?)
    2. daiân mâtâti muštešir irṣiti u šamê
    3. nâdin šikar balâṭ ilâni ḳarradu(?)
    4. banû arda muna' 'id-su
    5. kurzbu nuḫšu Mu ? Tuk
    6. ᴵtu-na-mi'-iš
    7. mâr ᴵpa-a-ri
    8. amelu mu-ni-ši-ru-un-at(?)

1. Marduk, dem Herrn der Welt, dem leuchtenden Lichte,
2. dem Richter der Länder, welcher regiert Erde und Himmel,
3. welcher gibt den Lebenstrank der Götter, dem Kämpfer,
4. welcher geschaffen hat den Diener, der ihn verehrt,
5. spendend (?) Fülle, ? ?
6. Tunamiš,
7. Sohn Pâri's,
8. der Fürst (?) von Mu-ri-ši-ni-un-at

1. ilu Lib.Zu = Marduk VR 44, b 7. Ṣab = nûru, das folgende Zeichen = Ḫar? dann = ka-da-du Brünnow S532 d. i. brennen, glühen, syn. kamû und x = Bar Brünnow 1758 s. Muss-Arnolt unter kadâdu.

2. Ki.A. An.Ḫi.A statt AN.Ki.A. šamê u irṣiti. Die Umstellung hat der Schreiber vorgenommen nach der Regel, dass im Sumerischen die umgekehrte Folge stehen soll als im Assyrischen.

3. Der Lebenstrank ist zu beachten! Man könnte auch verbinden: šikar balâṭ Anu ilu ḳarradu „den Lebenstrank Anus, der Gott Krieger", denn im Adapa-Liede ist es Anu, welcher Lebensspeise und Lebenstrank besitzt. — Am.Tuk: Am.(Brünnow 4543/44) = bêlu und ḳarrâdu, im wesentlichen identisch mit Im.Tuk (gašru, na'idu).

4. Sar.A ‗ banû (ibbani) IV R 15* b 52. — Wegen des zu (su) ist der Piel-Stamm oder der A-Stamm (mutta'id-su) von nâdu anzunehmen.

5. Hi.Li kuzbu, es ist aber wohl ein Verbum, also etwa mudahhid anzunehmen.

8. Die Zeichen stehen fest mit Ausnahme des letzten. Steht amelu hier in der Bedeutung „Fürst" wie in der Tel-Amarna-Zeit, oder doch (was aber auf dasselbe hinauskommen würde), um die Herkunft zu bezeichnen. Dann wäre das folgende der Name von Land oder Stadt, doch würde man dann ungern das betreffende Ideogramm vermissen[1]) — ši-ru sind wohl zu trennen, nicht pa; das letzte Zeichen würde man ohne weiteres pa lesen, wenn dieses sich besser an un anschlösse. Von dem vorletzten Zeichen in Zeile 5 scheint es unterschieden zu sein.

Die Schrift dieses Stückes unterscheidet sich in nichts von der der Hammurabi-Zeit. Die Gesetz-Stele Hammurabi's zeigt genau dieselben Formen und die gleiche Art der Ausführung.

3. arad-ba-bi (abd-ba-bi)
arad ilu Ner-unu-gal

Arad-babi (Abd-babi)
Diener des Gottes Nergal.

1. Auffällig ist bei Voraussetzung babylonischen Ursprunges hier wie in Nr. 1 das Fehlen des Personenkeils, auch die Bildung des Namens, denn in Ardu = X muss der zweite Teil Gottesname[2]) sein. Ein solcher wird aber, wenn babylonisch zu lesen, 1. mit dem Gotteszeichen, 2. ideographisch geschrieben.

Von der Schrift kann nichts anderes als von Nr. 1 ausgesagt werden; auch deren Darstellung sicht nach fremdem Einfluss aus.

---

[1]) In den beiden Sidon-Siegeln (S. 11) steht es.
[2]) Denn „Diener der Pforte" (bâbi) ist doch wohl nicht anzunehmen.

Aus diesen Lesungen geht hervor, dass bei 1 und 3 eine babylonische Herkunft möglich ist, und dass vielleicht die Herren der Siegel Babylonier waren. Dagegen steht 2, das eigenartige Schreibweise und kleine Eigenheiten bietet, schon dadurch für sich. Vor allem aber ist der Name des Eigentümers selbst sicher nicht babylonisch und muss daher zunächst für das Gebiet des Fundortes in Anspruch genommen werden. Tunamiš, Sohn des Pâri, wäre dann die älteste bezeugte Persönlichkeit aus dem Gebiete der ältesten Mittelmeerkultur und der erste historisch überlieferte Name. Der Name des Vaters deckt sich so völlig mit dem des trojanischen Helden, dass man gerade an dieser genauen Übereinstimmung Anstoss nehmen möchte. Aber der vorgriechischen Schicht gehört Pâris ja doch zweifellos auch an, und Tunamiš entspricht in der Bildung doch wohl Namen, wie Lygdamis. Die Lesung des Namens der Stadt, als deren Fürst Tunamiš doch wohl bezeichnet wird, ist leider nicht völlig sicher, wenn aber Mu-ni-ši-ru-un-*da* statt *at* angenommen wird, so hätte man einen der für Kleinasien charakteristischen Namen auf an da. Mögen diese angehören, welcher Bevölkerungsschicht Kleinasiens sie wollen, so muss doch jede grössere Völkerbewegung, die Kleinasien betraf, auch nach Cypern ausgestrahlt haben.[1]

Soviel scheint auf jeden Fall einigermassen gesichert, dass wir es hier mit einem Stück zu tun haben, bei dem eine zufällige Verschleppung aus Babylonien ausgeschlossen ist, und wenn das von dem einen gilt, ist es allerdings auch von den anderen zu erwägen. Schliesslich ist auch die Niederlegung in einem Schatze wie dem von Kurion, zusammen mit der grossen Anzahl anderer Stücke von deutlich nichtbabylonischem, wenn auch babylonisch beeinflusstem Charakter eher erklärlich, wenn die Stücke in einer Beziehung zu der Stadt und dem König standen, zum mindesten alte Erbstücke darstellten, als wenn es zufällig erworbene Kuriositäten gewesen wären.

---

[1] Wie es die Tel-Amarnabriefe für die Lukki bezeugen.

Wenn aber die Schrift grade von 2 am meisten in die Hammurabi-Zeit weist, so wäre das doch nichts Auffälliges, da dieser König nach dem Zeugnis seiner einen Inschrift[1]) zum mindesten sich „König von Amurru" genannt, dort also ebenso regiert haben muss, wie es Sargon und Naram-Sin getan haben. Damit steht in Einklang die Darstellung der menschlichen Figur. Dass sie babylonisch ist, lehrt der erste Blick, aber damit wäre für unseren Zweck noch nicht viel besagt, da das auch in sehr später Zeit sich erklären liesse. Bezeichnend ist dagegen die Haltung des erhobenen rechten Armes, welche genau dieselbe ist wie bei Hammurabi auf der Platte mit seiner Inschrift von Amurru und auch auf der Gesetzes-Stele[2]). Der spitze Winkel, den der Ellbogen hierbei bildet, ist kein Zeichen geschickter Darstellungskunst.

Als nicht babylonisch fallen aber sofort die beiden geflügeiten Sphinxe auf, welche erst seit Assarhaddons Zeiten in Assyrien nachweisbar sind, und für unsere Siegel zweifellos westlichen Ursprung erweisen. Freilich werden diese für so alte Zeit, wie wir annehmen möchten, nicht sobald nachweisbar sein, aber soviel steht doch fest, dass dieser Typus in Babylonien ganz unbekannt ist, dass er in dieser Gestalt sich nicht aus Aegypten herleiten lässt und dass er ganz genau entsprechend auf syrischem Boden in Sendschirli schon in den ältesten Zeiten, also im zweiten Jahrtausend, nachweisbar ist. Das weist auf das dritte Kulturzentrum, das „hettitische", und damit also wieder auf den Mittelmeerbereich hin[3]).

---

[1]) Winckler, Forschungen I S. 197. King Letters and Inscr. of Hammurabi III.

[2]) Vgl. die Abbildungen bei Jeremia ATAO S. 261. Winckler, Gesetze Hammurabis (in Alter Orient IV, 4).

[3]) Das ist so auffällig, dass Perrot und Chipiez annehmen, der Cylinder sei eine cypriotische Nachahmung eines babylonischen Originals, wobei nur die beiden Sphinxe hinzugesetzt worden seien. Aber Nachahmung ist durch den Charakter der Eigennamen ausgeschlossen.

2*

1.

2.

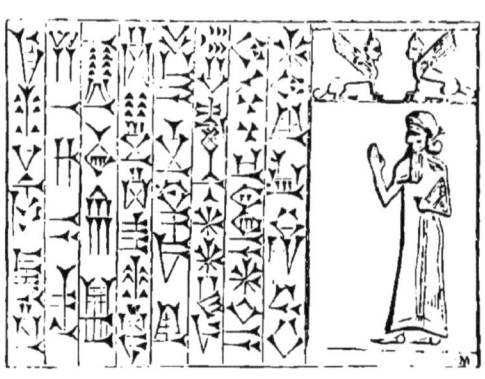

3.

1 und 3 nach Cesnola-Stern (vgl. S. 13, Anm. 1). 2 nach Perrot-Chipiez.
Abdrücke der Originale vom New-Yorker Museum zu erhalten
war nicht möglich.

Bes als Meergreis.

Durch die Erkenntnis von der Einheitlichkeit der grossen altorientalischen Kultur und ihrer Herrschaft — wenn nicht politisch, so doch geistig — über ein Gebiet, welches zum mindesten dem Herrschaftsbereiche des Islam gleichgestellt werden muss, hat sich herausgestellt, dass alle die Anschauungen aufgegeben werden müssen, welche man über die bei allen Völkern gemeinsamen Einrichtungen und Vorstellungen entwickelt hatte. Es sei dabei abgesehen von der Völkeridee Bastians, die vielleicht von denen, die von ihr nicht viel mehr als den Namen kennen und sie bei ihrem Auftauchen wie während der Zeit ihrer Anerkennung durch die Ethnologie mit gleicher Unkenntnis wie Verachtung behandelt haben, demnächst noch als rettende Zuflucht betrachtet werden wird, um der neuen Erkenntnis gegenüber wieder die gleiche Taktik zu befolgen. Aber noch mehr ist man genötigt worden, die schon völlig in das Bewusstsein breiterer Schichten eingedrungene Vorstellung von dem „Volke"[1]) und damit einer primitiveren Kulturstufe als Schöpfer all der Sagen und sonstigen mythologischen Stoffe aufzugeben, welche in so unendlicher Verschiedenheit der äusseren Form doch bei allen Völkern ' immer wieder dieselben Grundvorstellungen behandeln. Wer einmal den astralen Grundgedanken begriffen hat, wird alle Ablehnungsversuche nur als Zeichen der Unvertrautheit mit diesem Schlüssel oder als Verlegenheitsausflüchte ansehen können. Der wichtigste und die Gesamtauffassung ändernde Grund-

---

[1]) Vgl. Winckler: Ex oriente lux II 2 S. 38. Krit. Schriften III S. 76.

satz ist bei der Betrachtung jedes Märchen- oder sonstigen
Mythenstoffes, dass man sich von aller Ursprungstheorie frei
zu machen hat, welche auf der s p r a c h l i c h e n Einteilung der
Völker beruht. Ob ein Volk eine indogermanische oder semitische
Sprache spricht, ist für seine Vorstellungswelt, soweit der stoff-
liche Gehalt[1]) in Betracht kommt, von völliger Gleichgiltigkeit.
Wenn man einmal die Vorstellung erfasst, dass es sich
bei den vielen Übereinstimmungen und bei der Wiederkehr
derselben Sagenstoffe in verschiedenen Überlieferungen um
Ausflüsse einer grossen Weltanschauung oder Kultur handelt,
so wird man nur wenig Gewicht auch auf die Feststellung
dessen legen, was bisher meist der vornehmlichste Gesichts-
punkt bei jeder Untersuchung über Sagenstoffe war: eben
auf die Form, die Zufälligkeit der Überlieferung.
Diese bildet den Gegenstand einer philologischen oder
einer ästhetischen Betrachtung, für die Frage nach der Herkunft des Stoffes kommt sie nicht in Anschlag. Damit entsteht
dann auch die namentlich dem an mythologische Betrachtungsweise nicht gewöhnten Forscher schwer eingehende Notwendigkeit, von der literarischen Herübernahme im Sinne der Nachahmung einer bestimmten Vorlage abzusehen, insofern es
sich um die Feststellung des Sinnes einer Legende, eines
Mythus oder Märchen handelt. Jener grosse Kulturbereich
hat die Bedeutung, die astrale Grundlage seiner mythischen
Stoffe noch bis in die spätesten Zeiten hinein gekannt, und es
kann nicht nur vorkommen, sondern es kommt sehr häufig
vor, dass die urspünglichere Formel und die getreulichere
Wiedergabe der astral-kosmologischen Grundidee in einer
Erzählung aus sehr später Zeit, in einem noch jetzt gangbaren
Märchen, klarer erhalten ist, als in der Behandlung desselben
Stoffes in ältester Zeit.[2]) Nach philologischer Betrachtungs-

---

[1]) von dem hier gesprochen wird, nicht die Form, diese wird im
Gegenteil von der Sprache sehr beeinflusst.

[2]) Winckler, Kritische Schriften II S. 49, IV S. 39 ff. Alter
Orient und Geschichtsforschung 96 ff. 121; vgl. auch die Charakteri-
sierung in Arabisch-Semitisch-Orientalisch S. 189.

weise bildet von zwei gleichen Stoffen immer der in der
älteren Überlieferung vorliegende die Vorlage, die Quelle
der jüngeren Behandlung; das ist sehr einfach zu widerlegen,
wenn man feststellen kann, dass die jüngere Behandlung
einen „älteren" Zug hat, der nicht aus der älteren angeblichen
Vorlage geflossen sein kann.

Die Bezeichnung „älter" beruht aber schon auf der
philologischen Anschauungsweise, denn sie will das Verhältnis der Überlieferung geschichtlich, zeitlich festlegen. Für
die astrale Auffassung gibt es nur ein ursprünglich[1]), d. h.
klar oder richtig den astralen Grundgedanken wiedergebend,
und ein „entstellt", d. h. Einzelheiten übergehend oder ver-
wischend. Es versteht sich also von selbst, dass das, was
nach philologischer Auffassung als „älter" erscheinen würde,
in diesem Sinne als „richtig" nur durch den Nachweis der
Übereinstimmung mit der astralen Grundidee erwiesen
werden kann.

Dabei ist natürlich nicht die Möglichkeit ausgeschlossen,
dass auch einmal die Abhängigkeit in philologischem Sinne
in irgend einem gegebenen Fall vorliegen kann.[2]) Namentlich
wo es sich um Überlieferung innerhalb einer engeren Kulturgemeinschaft handelt, kann das der Fall sein. Sobald man
aber ein weiteres Gesichtsfeld für die Sagenstoffe heranzieht,
wird diese Möglichkeit von vornherein sehr gering und selbst
bei sehr verbreiteten „Vorlagen" und Mustern der Weltliteratur
besteht nur wenig Wahrscheinlichkeit für die unmittelbare
literarische Herübernahme d. h. die Nachahmung ohne Kenntnis der mythischen Bedeutung, welche die Vorbedingung für
eigene selbständige Behandlung und sinngemässe Gestaltung
des Stoffes ist. Hier kommt dann die Sprache zu ihrem
Recht, aber im umgekehrten Sinn als die sprachwissenschaftliche Ableitung des Mythus annahm: nicht vereinigend, sondern
trennend. Die Verschiedenheit der Sprache, der Form ver-

---

[1]) aber in anderem Sinne als dem IV S. 29 verpönten.
[2]) Vgl. Winckler, Altorientalische Forschungen III S. 453.

hindert die Herübernahme, namentlich da, wo sie so viel
einfacher aus einem grossen vorhandenen und leicht zu-
gänglichen Schatz erfolgen kann. Durch die Feststellung der astralen Bedeutung der Mythen und die Erkenntnis der bewussten Pflege der zu Grunde
liegenden Anschauungen bis in die späte islamische Zeit ver-
mögen wir die grosse Bedeutung der im islamischen Orient
gepflegten Sagen- und Märchen-Literatur zu erkennen. Es
muss freilich der schwer auszurottenden und so tief einge-
wurzelten sprachwissenschaftlichen Anschauungsweise gegenüber immer wieder betont werden, dass es völlig gleichgültig
ist, ob eine Erzählung, ein Mythus oder ein Märchen, „persisch"
oder sonst etwas ist. Das hat für seine betreffende Bedeutung,
für sein Verhältnis zu dem Boden, auf dem es erwachsen,
gerade soviel zu sagen, wie das Verhältnis einer modernen
naturwissenschaftlichen Entdeckung zum engern politischen
Heimatlande ihres Urhebers. Wie diese ein Erzeugnis euro-
päischer Wissenschaft, so ist jenes ein solches der allgemeinen
orientalischen.

Trotzdem das zu wiederholten Malen mit völliger Un-
missverständlichkeit und aller wünschenswerten Schärfe klargestellt worden ist[2]), bricht doch immer wieder der alte
sprachwissenschaftliche und urzeitliche Adam durch, sobald
Einwände erhoben werden. Trotzdem es immer und immer
wiederholt und jeder Ausführung vorausgeschickt wird, dass
die Tatsachen der altorientalischen Geschichte ein für allemal
die Anschauung vom Bestehen primitiver Zustände am Be-
ginn der uns bekannten Geschichte beseitigt haben, fällt es
doch zu schwer, sich von den alten Anschauungen frei zu
machen und immer wieder wird durch Einwände oder Bedenken, die auf Grund des alten Grundirrtums erhoben
werden, das Verständnis verhindert[3]).

---

[1]) Winckler, Der alte Orient und die Geschichtsforschung S. 97.
[2]) Vgl. Winckler, Kritische Schriften II S. 49; Heft IV dieser
„Beiträge" S. 34 u. v.
[3]) Vgl. IV S. 29.

Das muss deshalb so lange immer wieder vorausgeschickt werden, bis es in seiner Tragweite erfasst worden ist, und musste auch diesmal voran gestellt werden, um das Folgende in seiner grundsätzlichen Verschiedenheit von der früheren Auffassung zu begründen.

Wenn irgendwo bei einer orientalischen Sagenüberlieferung eine Herübernahme aus der griechischen Literatur möglich wäre, so würde man sie in der bekannten Episode der Sindbad-Erzählungen finden wollen, wo Sindbad[1]) mit seinen Gefährten in die Gewalt des menschenfressenden Ungeheuers gerät, dem er dadurch entrinnt, dass er ihm die Augen ausbohrt. Die Übereinstimmung mit der Polyphemepisode der Odyssee ist so handgreiflich, dass sie nicht erst erörtert zu werden braucht, und ohne weiteres Bedenken nimmt jeder Leser hier unwillkürlich an, dass auf irgend welchem Wege auch einmal eine Wirkung des griechischen Epos auf den Märchenschatz des Irak stattgefunden habe.[2]) Das würde man gewiss zugeben können. Denn schliesslich hat es Araber gegeben, welche griechisch kannten, und der Märchenerzähler kann auch einmal einen Stoff willkürlich in seine Sammlungen einflechten. Ob es freilich wahrscheinlich ist, dass Homer selbst dann die Vorlage gewesen wäre, wird wohl schon zögernder bejaht werden, wenn man sich Rechenschaft darüber gibt, ob Byzanz in der in Betracht kommenden Zeit seine eignen Poesien nicht mehr gepflegt hat als Homer. Doch könnte ja die Erzählung durch weitere Quellen geflossen und schliesslich irgendwie auf Reisen aufgefangen worden sein.

---

[1]) Auf der dritten Reise.

[2]) Die gewöhnliche Erklärung führt die Bekanntschaft des homerischen auf die Einflüsse des Hellenismus in Indien in der nachalexandrinischen Zeit zurück und sieht in den Sindbaderzählungen ein vorwiegend indisches Erzeugnis — was sie aber in der Form nicht sind, und auf diese käme es in diesem Falle an, da nur die den Ursprung bestimmende Form den unmittelbaren Zusammenhang mit Homer erweisen könnte.

Das kann man aber nicht mehr annehmen bei einer anderen Erzählung, welche uns aus der griechischen Legende bekannt ist. Hier ist der Zusammenhang bei Sindbad derartig verschieden, dass nur das eine Motiv in beiden übereinstimmt, sodass ein literarischer Zusammenhang oder sonst eine unmittelbare Beziehung ausgeschlossen erscheint. Sindbad[1]) ist auf einer Reise in ein Land gekommen, wo es Sitte ist, dass beim Tode eines Ehegatten der andere mit begraben wird. Dieses Loos trifft auch ihn und er wird in eine Höhle hinabgelassen. Er fristet sein Leben einige Zeit durch die Nahrung, die er den nach ihm hinabgelassenen Schicksalsgenossen abnimmt, als er einmal ein „wildes Tier" scharren hört, das vor ihm in das Innere der Höhle flüchtet. Er geht ihm nach, bis er Licht schimmern sicht und durch einen Spalt in das Freie kommt. Dieser letztere Zug ist bekannt aus den Legenden, welche an die Helden der messenischen Kriege geknüpft werden. Bekanntlich hat sich Aristomenes ganz auf derselben Weise aus dem Abgrund gerettet, in den ihn die Spartaner geworfen hatten.

Hier ist eine unmittelbare Abhängigkeit der beiden Überlieferungen von einander ausgeschlossen. Auf griechischem Boden ist die Sage selbst jung, und vor allem spielt jene Überlieferung in der Literatur keine Rolle, wie man sie von der homerischen schon eher voraussetzen kann. Auch ist der Zusammenhang, die Unterbringung des Motivs, in beiden völlig verschieden. Hier würde man sogar von vornherein[2]) umgekehrt eher eine Entlehnung seitens der griechischen Überlieferung in hellenistischer Zeit anzunehmen haben, da diese angeblichen messenischen Sachen nur in später Überlieferung vorliegen. Hier würde also das Motiv aus der grossen Quelle geschöpft sein, aus welcher die Legende der Historiker Alexanders und der Diadochen schöpfte.[3])

---

[1]) Vierte Reise. In der Übersetzung von Henning X S. 55.

[2]) Eine Anschauung, die freilich nicht zutrifft, da ja die Trennung zwischen Griechentum und Orient in diesem Sinne nie bestanden hat.

[3]) Winckler, Die Weltanschauung des Alten Orients S. 39.

Das ist für uns gleichgiltig und macht nur Kopfzerbrechen, wenn man sich nicht über den Bestand des Mythenschatzes, seine Unerschöpflichkeit und seine Verbreitung nach allen Weltrichtungen klar ist. Ihn kennt und benutzt der älteste Orient, der lange vor dem Auftauchen des Griechentums die Welt des Mittelmeeres beherrschte, wie der mit dem Griechentum gleichzeitige und mit ihm in Berührung stehende, wie der nachgriechisch-islamische und mit ihm Griechen wie andere Völker. Also Homer und Herodot und alle Fabulatoren des Griechentums haben ebenso wie die des Orients aus der gleichen grossen Schatzkammer geschöpft.

Es ist hierbei auf Homer hingewiesen worden, um zu zeigen, wie in einem verhältnismässig hohen Altertume ein Stoff sich findet, der in den Sindbadmärchen begegnet. Bekanntlich ist die Gestalt Sindbads älter — was so ziemlich von allen solchen Gestalten gilt — und es gibt ein ganzes Buch[1]), in welchem er als einer der Weisen erscheint, die „Sprüche Sindbads". Es ist also eine feststehende Gestalt der altorientalischen Legende, wie Salomo, insofern er „der Weise" ist, wie Hiob[2]) und so viele andere der Vertreter „der Weisheit". Eine ganze Literaturgattung nimmt diese Gestalten zu ihren Trägern. Auf alles das sollte hier nur hingewiesen sein, um es möglich erscheinen zu lassen, dass wir in unserm Sindbad-Märchen noch ein Motiv verwendet finden, welches uns, ganz genau so, wie es mit der Homer-Erzählung der Fall ist, eine Übereinstimmung mit einer Darstellung aus phönizischer Zeit bietet und so deren Erklärung gibt.

Es ist wohl eine der am meisten auffallenden Episoden bei Sindbad, wie er[3]), schiffbrüchig auf einer Insel gelandet, aus Mitleid einen Alten auf seine Schulter nimmt, der ihn dann nicht wieder loslässt und als Reittier benutzt, bis er ihn durch in einem ausgehöhlten Kürbis zubereiteten Wein

---

[1]) Vgl. Paulus Cassel, Die Mischle Sindbads.
[2]) Vgl. Winckler, Arabisch-Semitisch-Orientalisch S. 147.
[3]) Fünfte Reise, bei Henning X S. 62.

betrunken macht und so töten kann. Die Schilderung des
Alten ist: „er war ein schwach aussehender Mann, umgürtet
mit einem Lendenschurz aus grünen Blättern." Als Sindbad
ihn auf der Schulter hat, sieht er aber, dass „seine Füsse
schwarz und rauh waren, als wären sie mit Büffelhaut be-
kleidet." Nachdem er ihn getötet, erfährt er, dass er „der
Scheich des Meeres" gewesen sei.

Diese Erzählung scheint mir die Erklärung für eine aus
Cypern kommende Darstellung zu geben, welche im allgemeinen als „phönizisch" wohl mit Recht in Anspruch genommen wird. Es ist eine kleine Figur von etwa 4 Zoll
Höhe aus blauglasiertem Ton.[1]) Sie zeigt den Gott Bes mit
seiner charakteristischen Federkrone geschmückt, auf den
Schultern einer Frau reitend, die seine beiden Füsse festhält.
Diese Frau steht auf einem Kapitäl, das durch eine Lotos-
blume dargestellt wird. Auffallend ist der grimmige Gesichts-
ausdruck des Bes.

Zunächst ist Bes eine Gottheit des Südens d. h. also eine
solare. Das zeigt auch die Federkrone, ein bekanntes
Symbol der Sonnenstrahlen,[2]) an. Der Süden ist am Himmel
die Wassergegend und nach der astralen Weltenformel sollen
sich „entsprechen" Sonnenreich = Süden = Wasserreich,
denn alle drei Begriffe sind jeder die Unterwelt ihrer verschiedenen Welten oder Reiche. So wird also die Sonnengottheit
Bes auch als Wassergottheit erscheinen können, also griechisch
ausgedrückt als Poseidon, babylonisch als Ea. Der bösartige
„Scheich des Meeres" bei Sindbad würde also dem Bes unserer Figur genau entsprechen, und wenn man diesen Gedanken einmal gefasst hat, so findet man die weitere Bestätigung in den merkwürdigen Füssen dieses Bes. Er hat
nämlich deutlich überhaupt keine Füsse, sondern stumpf aus-

---

[1]) Perrot-Chipiez, Histoire de l'Art Phénicien, engl. Ausg. II p. 6
Fig. 3.

[2]) Vgl. jetzt Ehrenreich, Die Mythen und Legenden der Süd-
amerikanischen Völker S. 34.

gehende Beine, welche doch offenbar andeuten sollen, dass er nicht gehen, sondern nur schwimmen kann. Und das stellt wieder eine Verbindung mit dem „Scheich des Meeres" her, denn mit dessen Füssen ist auch etwas nicht in Ordnung, denn sie sind schwarz und rauh, d. h. mit dichten Haaren besetzt, also zottig, fellartig, und dass er die Gewohnheit hat, sich tragen zu lassen — denn nachher erfährt Sindbad, dass er schon viele Schicksalsgenossen gehabt hat — beweist natürlich, dass es sich um eine Gestalt handelt, die ursprünglich nicht gehen konnte, was bei einem Scheich des Meeres, der in alter Ausdrucksweise als Ba‘al des Meeres erscheinen würde, ja auch ganz natürlich ist.

In unserer Darstellung sitzt er auf einer Frau. Sobald wir einmal den mythischen Ursprung der ganzen Darstellung angenommen haben, ist das kein Hindernis für die Gleichsetzung der Gestalten. Denn der Wechsel zwischen männlicher und weiblicher Gottheit in Darstellung der gleichen mythischen oder kosmischen Begriffe ist eine regelmässige Erscheinung bei den verschiedenen Ländern und Völkern und beruht auf einer sehr einfachen Grundanschauung, deren Einzelheiten sich gegenseitig bedingen.[1]) Es handelt sich dabei um den Wechsel[2]) der drei „grossen" Gestirne Mond, Sonne und Venus, von denen immer zwei als männlich, einer als weiblich erscheint; davon jeder aber — in den verschiedenen Religionen — die Rolle des anderen annehmen kann. Wo der Mond an erster Stelle steht, ist er männlich und Vater, die beiden anderen, Sonne und Venus, männlich und weiblich, und Geschwister oder Gatten. Tritt der Sonnengott an die erste Stelle, so gilt dasselbe von Mond und Venus oder dem Lucifer und der Luna und ebenso wenn der Morgenstern als erster und Vater erscheint, Sonne und Mond (Apollo und Artemis, Helios und Selene). Diese Regel trifft auf alle Mythologien zu.

---

[1]) Vgl. Winckler in KAT³ S. 139, ZDMG 54, 403.
[2]) Vgl. IV S. 35.

Eine weibliche Gottheit der einen kann also stets in der andern als männlich erscheinen, wobei natürlich nicht einmal das Volk und die Sprache massgebend ist, sondern nur die Lehre der verschiedenen Tempel, denn diese braucht sich nicht an die jeweilige Sprache zu halten, sondern kann auf eine ältere Stufe der Zivilisation oder auf Entlehnung aus anderen Kulturkreisen zurückgehen. Es hat also in dieser Hinsicht kein Bedenken, wenn die weibliche Gestalt mit Sindbad gleichgesetzt wird. Der Nachweis kann aber nur durch das Auffinden der Grundvorstellung gefunden werden, d. h. durch die Erkenntnis, welchen astralen Vorgang der Mythus und die beiden Figuren darstellen sollen, also der Kreislauf eines oder mehrerer Gestirne und die Schilderung ihres gegenseitigen Verhältnisses sein. Der am besten und häufigsten zu beobachtende ist der des Mondes und dann der Sonne — beide sind auch die wichtigsten, denn sie bilden das Jahr, die natürlichste und alles Naturleben bestimmende Zeiteinheit. Es soll aber nach der Formel jedes der drei grossen Gestirne an sich allein denselben Vorgang zeigen, er kann also auch an ihm allein beobachtet werden. Der Mond allein würde genügen. Er tritt allmonatlich in die Unterwelt ein, um aus ihr wieder emporzusteigen. Mythologisch wird das dargestellt als der Kampf mit dem Drachen — die Finsternis —, die Sonne tut dasselbe im Jahre, indem sie in die Wasserregion des Himmels tritt und den Kampf mit dem Meeresungeheuer besteht. Es ist also Unterwelt = Finsternis (Neumond) und Wasserregion = Winter (Wintersonnenwende), d. h. die betreffenden Erscheinungen entsprechen sich, sind mythologisch und in ihrer astralen Bedeutung gleichwertig, ihre Gottheiten wechseln mit einander oder gehen in einander über.

Der Kampf des Mondes mit der Finsternis d. h. der Neumond ist ein Kampf mit der Sonne, denn die Verdunklung der Vollmondscheibe erfolgt durch die Annäherung und das schliessliche Eintreten des Mondes in die Sonne. Es ist also die verdunkelnde Scheibe des Mondes mythologisch oder als

göttliche Kraft dasselbe, wie die Sonne; die Sonne ist die
verfinsternde Unterweltsmacht.[1]) Beim Neumonde wird also
der Mond verfinstert und mit der Sonne vereint, beide stehen
zusammen. Mythologisch ist der wichtigste Neumond der, mit welchem
das Jahr begonnen wird, also nach der Rechnung von Babylon der der Frühlingsgleiche. Bei dieser ist die Sonne aus
der Wasserregion emporgetaucht, hat also ihren Gegner überwunden. Dasselbe hat der neue Mond bei seinem Wieder-
sichtbarwerden getan. beide Gestirne stehen also damit ein
jedes in entsprechender Phase, sie sind Äusserungen derselben göttlichen Macht, sie entsprechen sich, und die Welt,
die sie regieren, steht im Zeichen des Sieges des Lichtes
über die Finsternis, beide Gestirne haben ihre Gegner gemeinsam überwunden. Diese Gegner sind aber im Mythus,
da sie dasselbe Prinzip darstellen, identisch oder können es
wenigstens sein.

Der Mond hat also ebenso wie die Sonne die Wassertiefe überwunden. Tatsächlich muss er ja auch bei jedem
seiner Umläufe durch die Wasserregion des Tierkreises hindurch, die aber im Winter nur in ihrem eigensten Bereiche
steht, wenn die Sonne ebenfalls von ihr gefährdet wird.
Beim Mond ist die Sonne aber die verdunkelnde Scheibe,
welche mit dem Mondlicht gemeinsam durch die Wassertiefe
geht. Also trägt der Mond die dunkle Scheibe und damit
die Sonne durch das Wasser hindurch. Somit stellt das Verhältnis vom lichten und verdunkelnden Monde auch das von
Mond und Sonne dar. Der Mond, d. h. das Mondlicht trägt
also die Sonne durch das Wasser, die Sonne ist aber $=$
Unterwelt und die ist $=$ Wasser. also kann die Sonnengottheit auch Wassergottheit sein. Beide Eigenschaften vereint
aber unser Bes in sich, der auf den Schultern der weiblichen
Gottheit sitzt. Diese ist demnach die Mondgöttin, d. h. die Licht-

---

[1]) Winckler in Ex oriente lux II 2 S. 49 Anm. Forschungen IV
S. 206,7.

gottheit oder Himmelskönigin, babylonisch würde sie als
Marduk erscheinen, phönizisch ist sie die Astarte.[1]) Sie trägt
Bes auf den Schultern; die Stelle, an der das Mondlicht nach
dem Vollmonde zu schwinden beginnt, gilt als die Schulter-
blätter, die beim weiteren Fortgang immer mehr hervortreten,
darum wird der Lichtgott (Siegfried) zwischen den Schulter-
blättern verwundet. Der abnehmende lichte Mond trägt den
dunkeln auf seinen Schultern.

Der Stoff, den unsere Figur behandelt, entpuppt sich damit
als ein mythologisch wohlbekannter und viel verwendeter,
das Tragen der einen Gottheit durch die andere über das
Wasser; am bekanntesten ist wohl aus der germanischen
Mythologie die Geschichte vom alten Wate, der den jungen
Wieland oder Thor der Oerwandil[2]) durch das Wasser trägt
und die in's Christliche gewendete Erzählung desselben Stoffes,
das Christophorus-Märchen[3]) — der Alte trägt den Jungen
— der alte Mond stirbt und wird als neuer geboren durch
den Neumondsprozess.

Eine besondere und charakteristische Wendung der orientalischen Legende ist durch die Angabe im Sindbadmärchen
gegeben, wonach die Beine des „Scheichs des Meeres" nicht
wie in der Figur Schwimmfüsse, sondern schwarz und haarig
sind. Schwarz ist die Farbe Saturns, d. h. der Sonne oder
des dunkeln Mondes,[4]) „haarig" ist das Symbol der Sonne oder
Südgegend, die Sonnenfiguren erscheinen als stark behaart,
rothaarig, schwarzhaarig, die Mondgestalten als weisshaarig

---

[1]) IV S. 15, 32 ff.
[2]) Oerwandil also = Sonne. „Sie heissen (die zwei wettlaufenden
Pferde, welche in der arabischen Legende den Jahresmythus darstellen)
al-haṭṭâr der Speerschwinger und al-ḥanfô der Bogen. Speer und
Bogen als Abzeichen der beiden Brüder Mond und Sonne, = Prökyon
und Sirius (Lanzen- und Bogenstern)". Winckler, Arabisch-Semitisch-
Orientalisch S. 176. — Oerwandil heisst: der Speerschwinger.
[3]) Vgl. Stucken, Astralmythen S. 68 für diesen Stoff.
[4]) Vgl. Hüsing in Orient. Litt. Zeit. 1905, 71.

oder kahlköpfig.[1]) Die Auffassung oder besser Darstellung
der einen oder der anderen der beiden Gottheiten als männlich
oder weiblich wechselt je nach Zeit und Ort. Ebenso wie
im Sindbadmärchen beide Gestalten als männlich, in unserer
Darstellung aber die Mondgestalt als weiblich erscheint, kann
das Umgekehrte der Fall sein. Das Verhältnis von Mond
und Sonne wird am südlichen Fixsternhimmel wiedergefunden
in dem des grossen und kleinen Sirius, des Bogen- und
Lanzensterns der Babylonier.[2]) Indem der Bogenstern auch
der Ištar gehört, ist er weiblich — wie Šams Sonne in verschiedenen semitischen Sprachen — und kann also mit be-
sonderer Bevorzugung als das Gestirn weiblicher Gottheiten
oder entsprechender Heroinen erscheinen. Er wird „die
Haarige" (ši'râ) im Arabischen genannt und erscheint als
Zebbâ, die haarige, als die heroisierte Zenobia.[3]) Das Haar-
motiv ist also in klarer Weise ausgesprochen. Eine ganz
gleiche Figur wie die nach dem Muster der Semiramis be-
handelte Zebbâ ist Bilkis in den bekannten Salomo-Legenden.

Bilkis, die Königin von Saba, d. h. die Vertreterin des
Südens, besucht Salomo, der auf seinem Throne sitzt, um
Rätsel von ihm erraten zu lassen. Der Thron ist der Nordhimmel, in welchem der „oberste Gott" thront. Ihm „entspricht der Mond als der Herr des obersten Punktes der
Ekliptik. Also die Sonne besucht den Mond, d. h. den ihm
gehörigen Punkt des Weltalls, und tritt an die Stufen des
himmlischen Thrones. Das ist die Sommersonnenwende, wo
die Sonne den höchsten Punkt erreicht, also an den nördlichen Himmel streift. Die Zeit der Sommersonnenwende
oder der Vollmondspunkt ist die „des Fragens" und des
Rätsellösens.[4]) Ebenso wie Oedipus die Rätsel der Sphinx,

---

[1]) Vgl. Winckler, Arabisch-Semitisch-Orientalisch S. 122, Forschungen III S. 295.
[2]) Winckler, Himmelsbild S. 47.
[3]) ebenda; und Gesch. Israels II S. 232 Anm. 2.
[4]) Winckler, Altorientalische Forschungen III S. 449; Himmelsbild S. 65/66.

löst Salomo die der Bilkis. Bilkis erscheint also als Sonne beim (Voll-)Mond (und summus deus) Salomo. Auch sie muss auf ihrem Jahreslauf (im Winter) durch das Wasser hindurchgehen, wie sie bei der Sommersonnenwende durch den Engpass „und durch das Feuer" hindurch muss.[1])

Der doppelte Durchgang der Gestirne durch die beiden Gegenpunkte (Nord und Süd), durch das Wasser und Feuer wechselt in den Legenden leicht miteinander. Es erscheint das Passieren des Feuer- wie des Wasserpunktes, d. h. der Durchgang durch den Pass des Weltberges sowie durch die Furt an seinem Fusse in der einen oder anderen Mythe miteinander vertauscht. Als Bilkis zu Salomos Thron tritt, hat dieser einen eigenartigen Scherz für sie vorbereitet. Er hat vor seinem Throne Glasplatten[2]) legen lassen, sodass es aussieht, als fliesse Wasser davor. Als nun Bilkis herzutritt, hebt sie ihre Kleider hoch, um durch das vermeintliche Wasser hindurch zu waten, wie Wate, der Oerwandil trägt.[3]) Auf diese Weise wird also der Durchgang durch das „Wasser" künstlich hergestellt. Und bei dieser Gelegenheit verrät Bilkis ihre Natur dem weisen Salomo: ihre Beine sind haarig. Sie ist die Gottheit des Südens, die ši'râ selbst, deren Name im Sinne der altorientalischen Wortspiele[4]) an der Südgrenze haftet: se'ir haarig = edôm (rot).

Das Hindurchtragen findet nur beim Wasser statt, also beim Südpunkt, es ist beim Mondumlauf der Neumond. Hierbei trägt der eine den andern hinüber, denn der schwarze Mond, welcher dasselbe wie die Sonnengottheit ist, und der lichte Mond sind beide voreint. Beim Nordpunkt, dem Vollmond,

---

[1]) Ebenda und Forsch. III S. 207, Der Alte Orient und die Geschichtsforschung S. 98.

[2]) Vgl. den Glasberg der Märchen und dazu Siecke, Über die Bedeutung der deutschen Märchen (Virchow und Holtzendorf, Sammlung von Vorträgen 253) S. 28.

[3]) Stucken, Astralmythen S. 68.

[4]) Vgl. über deren Wesen und Bedeutung jetzt Winckler, Forschungen III S. 385 ff.

ist das nicht der Fall, hier stehen die beiden Gestirne sich gegenüber, sie sehen oder erkennen sich. In den Legenden wird aber, wie gesagt, beides häufig zusammengeworfen, indem die beiden entscheidenden Wendepunkte der Gestirnlaufsbahn ihre Rollen austauschen. Beides sind ja die Julfeste.

Perrot-Chipiez, Fig. 3 (vgl. S. 28 Anm. 1).

Das Tor von Rumeli.

Die geringen Reste phönizischer Bauten werden kaum gestatten, je wieder einen Einblick in die Baukunst des Landes vor der Zeit des Überwiegens griechischen Einflusses zu gewinnen. Die Blüte Phöniziens seit seiner Aufnahme in den westlichen Kulturkreis hatte schon gründlich mit allem Älteren aufgeräumt und was sich etwa behauptet hatte, hat dann das Mittelalter als Baumaterial verwertet. Auch eingehendere Untersuchungen führen deshalb kaum zu Ergebnissen, welche die gewünschten Aufklärungen gewähren. Über viel mehr als grosse Fragezeichen kommt man nicht hinaus, auch wenn man so glücklich ist, überhaupt noch ein Stück zu finden, das noch nicht vom Einflusse des Hellenentums berührt zu sein scheint.

Renan hatte bei seinen Ausgrabungen in Sidon ein Denkmal bemerkt, das in dem zwei Stunden nördlich von Saida auf einem Berge gelegenen Dorfe Rumeli erhalten ist. Der jetzige Ort ist eins der gewöhnlichen Dörfer ohne Bedeutung und gehört im wesentlichen Grossgrundbesitzern, die natürlich nicht im Orte wohnen. Es finden sich, wie häufig, aber Reste, welche beweisen, dass es im Altertum eine der früheren Kultur des Landes entsprechende[1]) Ortschaft, eine kleine Stadt gewesen sein muss. Die sich überall findenden Spuren von Nekropolen (Grabhöhlen) fehlen auch hier nicht.

Man konnte deshalb von dem merkwürdigen Denkmale wohl einen Aufschluss über das Wesen der alten Ansiedlung

---

[1]) Vgl. IV S. 4/5.

erhoffen. Renan hatte trotzdem sich begnügt, es ganz nebenbei
abzutun und ausser einer sehr kurzen Beschreibung nur
eine Zeichnung gegeben. Er scheint merkwürdigerweise
trotz der Leichtigkeit, mit der ihm jede Nachgrabung möglich
war, kein Verlangen gehabt zu haben, die paar Spatenstiche
daran zu wenden, welche nötig waren, um wenigstens das
halb aus der Erde ragende frei zu legen.

Seine Beschreibung lautet: [1] „Ein Stein 3,60 m lang,
zeigt Hohlkehle (gorge) und „Stäbchen" (Leiste, baguette)
stark ausgearbeitet. Seine beiden Enden ruhen auf zwei
Untersätzen (dés), welche vorn nischenartig ausgearbeitet
sind. In diesen beiden Nischen heben sich zwei stark ver-
witterte Skulpturen ab, über welche keine Vermutung möglich ist. Der wagerechte Stein scheint unter ägyptischem
Einfluss gearbeitet zu sein.[2] Die drei Steine sind Kalksteine
aus dem Lande."

Photographiert im Sommer 1903.
Macridy bey in Revue biblique 1904. pl. VII a.

[1] Mission de Phénicie p. 507.
[2] Vgl. Perrot-Chipiez, Phénicie p. 124 u. 250.

Das so beschriebene torartige Denkmal war in seinem Hohlraum mit Steinen ausgefüllt, sodass es die Wand eines daran gebauten Stalles bildete. Jedoch ragte es, wie die Zeichnung bei Renan und die hier wiederhergestellte Photographie zeigte, nur etwa zur Hälfte aus dem Erdboden her-

Zeichnung von H. Kohl. Revue bibl. 1904.

vor. Es scheint, als ob Renan das Denkmal selbst nur flüchtig angesehen hätte, denn seine Beschreibung verzichtet selbst darauf, den Inhalt der beiden „Nischen“ zu bestimmen, obgleich dieser trotz des trostlosen Zustandes seiner Erhaltung doch ein sehr viel grösseres Interesse bietet als der obere Querstein. Es war schon von Anfang an zu erkennen und bestätigt sich, dass es menschliche Figuren sind, die hier dargestellt waren. Bei den Ausgrabungen am Ešmun-Tempel und in Saida[1]) im Sommer 1903 hat Makridi-Bey Gelegenheit genommen, auch dieser Sache auf den Grund

Photographiert Sommer 1903.   Revue bibl. 1904. pl. VII b.

zu gehen und hat freigelegt, was von dem Denkmal überhaupt noch erhalten ist. Die Hoffnungen, dass man dahinter etwa noch die Reste eines alten Bauwerkes auffinden könnte,

----

[1]) Vgl. Mitteil. der Vorderasiatischen Gesellschaft 1904 5.

sind nach den dabei gemachten Feststellungen aufzugeben. Es ist durch die Nachgrabung festgestellt, dass weder davor noch dahinter ein altes Mauerwerk läuft. Es scheint also, als ob das Bauwerk, so wie es jetzt dasteht und wie es seiner Zeit hingestellt wurde, bestimmt wurde, als Tor zu dienen, ·und Makridi spricht deshalb wohl richtig von der „porte de Rumeli".

Die photographische Aufnahme, welche nach der Freilegung gemacht wurde, bot Schwierigkeiten, da wegen der Enge der Gasse, in der der Stall oder die Hütte stand, kein günstiger Standpunkt zu erhalten war. Sie wird deshalb in willkommener Weise ergänzt durch eine von Herrn Bauführer H. Kohl angefertigte Zeichnung, welche namentlich geeignet ist, den Eindruck der beiden Figuren besser wiederzugeben. Dadurch tritt vor allem klarer hervor, dass die beiden senkrechten Steine gegenüber dem Querbalken keine so nebensächliche Rolle gespielt haben, wie es nach Renans Beschreibung scheinen konnte. Es wird aber auch sofort klar, was man auch vorher vermuten konnte,[1]) dass das Bauwerk, so wie es dasteht, bereits ein mixtum compositum darstellt. Träger und Querbalken gehören ursprünglich nicht zusammen, der letztere gehört einer ganz anderen Kunst an und ist in späterer Zeit einmal darüber gelegt worden. So erklärt sich auch ohne Weiteres die unzureichende Länge dieses Querbalkens, der als Überdachung des Toreinganges doch über seine beiden Seitenpfosten hinausragen müsste, jedenfalls nicht eingerückt sein dürfte.

Wenn das Denkmal als Ganzes also nicht ursprünglich ist, so entsteht immer noch die Frage, ob nicht wenigstens die beiden senkrechten Steine an ihrer ursprünglichen Stelle stehen, und, wenngleich wir nach dem Ausgrabungsbefund darauf verzichten müssen, weitere Anhaltspunkte dem Boden abzugewinnen, so wäre doch soviel klar, dass wir es hier

---

[1]) Nach der Wiedergabe bei Makridi-Bey im Revue biblique 1904; von ebendort pl. VII die Photographien.

nicht mit irgendwelchen Dutzend-Erzeugnissen zu tun haben, sondern mit zwei höchst seltenen und völlig eigenartigen Überresten, welche der uns noch so wenig bekannten original-phönizischen Kunst angehören.[1])

Bei deren ganzem Wesen ist wohl von vornherein klar, dass die Darstellungen einen sacralen Charakter getragen haben. Wenn man das Bauwerk in seinem äusserlichen Zusammenhange betrachtet. so ergibt sich ohne weiteres, dass die Hinzufügung des Querbalkens in einer Zeit erfolgt ist, die auf irgend welches Verständnis keinen Anspruch mehr machte. Also muss das nach dem Altertum geschehen sein — wobei man frei ist herabzugehen, soweit man will.

Grade dieser Umstand würde aber dafür sprechen, dass die beiden senkrechten Steine in situ stehen. Denn nur, weil sie da standen und für eine spätere Verwendung brauchbar waren, hat man den schweren Querbalken herbeigeschleppt und darüber gelegt. Dass man auch die beiden noch von irgendwo anders geholt hätte, um ein so sinnloses Bauwerk zu errichten, wäre doch nur als eine Wunderlichkeit irgend eines Mannes mit archäologischen Liebhabereien denkbar. In diesem Falle müsste man sich nämlich denken, dass in verhältnismässig noch alter, aber nachklassischer Zeit sich jemand eine eigenartige Tür für sein Haus gebaut hätte. Aber sowohl christliche wie islamische Zeit schliessen das wohl aus. Auch spricht der gleichartige Charakter der beiden Darstellungen und die gleiche Kunst dafür, dass sie vom Anfang an zusammen gehörten. Als das Wahrscheinlichste würde sich also vermuten lassen, dass grade das Vorhandensein der beiden erst die Veranlassung gab, um sie als das Tor oder die Tür durch Darüberlegen des dritten herzustellen. Welchem Zwecke dieses Tor diente, kann uns dabei ziemlich gleichgültig sein. Um so wichtiger wäre es, den ursprünglichen

---

[1]) Freilich: welcher Zeit? Die Skulpturen von Ma²naḳa sind doch wohl in klassischer Zeit hergestellt worden. Die unseren waren augenscheinlich roher.

Zweck zu kennen. Grade die Gleichartigkeit der Ausführung beider Darstellungen spricht ebenso wie die Annahme, dass beide sich in situ befinden, dafür, dass sie Gegenstücke zu einander bilden und dass deshalb beide von Anfang an demselben Zwecke dienten, zu dem sie auch nach Darüberlegung des dritten wieder bestimmt waren; sie müssen die Pfeiler einer Tür gebildet haben.

Auf jeden Fall stellen die beiden Skulpturen trotz des schlechten Zustandes ihrer Erhaltung ein paar sehr wichtige Denkmäler der phönizischen Zeit dar und ihre Erhaltung und Überführung in ein Museum wäre wohl sehr zu wünschen: denn in dem elenden Dorfe, wo sie stehen, werden sie, sobald die Gelegenheit sich bietet, zweifellos wieder praktisch verwertet und dem Untergange geweiht werden.

Engonasin.

Die in meinem Besitze befindliche Gemme[1]) mit dem
Namen Par῾oš bietet eine Darstellung, welche von grösserem
Interesse ist, als ich zuerst annahm. Der Gegenstand, welchen
der kniende Mann in jeder Hand hält, hat zunächst das
Aussehen einer Blume,[2]) da das obere Ende dreigespalten
ist und deshalb bei der Kleinheit des Ganzen als Andeutung
der Blüte aufgefasst werden konnte. Allein der Vergleich
mit ähnlichen Darstellungen lässt keinen Zweifel darüber,
dass wir es hier mit einer allgemein verbreiteten mythologischen Figur, einer Gestalt des Pantheons, zu tun haben
und zwar einer, deren astraler Charakter ganz besonders
scharf von der Überlieferung selbst betont wird. Wenn man
nämlich sich durch das dreiteilige Kopfende des betreffenden
Gegenstandes nicht irre machen lässt, so ist die Deutung
auf eine doch nach dem Wesen solcher Ringgemmen zu ver-
mutende Göttergestalt sofort gegeben: es ist der kniende
Herakles, welcher die Schlangen erwürgt, der bekannte Engonasin Nixus, in genibus, Ingeniculus der Sternkarten.

Der Auffassung, welche eine (von den älteren, vorgriechischen Kulturen unabhängige) griechische῾ Entstehung von
Sternbildern sich vorstellen kann, würde wohl diese Herakles-
figur mit ihren „griechischen" Mythen als zweifellos nur
aus griechischer Mythologie erklärbar erscheinen und

---

[1]) Heft IV S. 41—43.
[2]) Der sächsische Setzer hat a. a. O. aus der Blume eine Bemme
gemacht, die vielleicht nur der sächsische Leser in ihrer ganzen Bedeutung zu schätzen vermag.

eine Herübernahme aus dem Orient als unannehmbar gelten.
Dass die Frage überhaupt nicht so gestellt werden kann,
darf wohl jetzt als zur Genüge klargestellt erscheinen. Wenn
die Bezeichnung Engonasin griechisch ist und der Mythus
in griechischer Gewandung, vielleicht selbst Umdeutung oder
doch wenigstens Abänderung, uns berichtet wird, so beweist
das nichts für den Ursprung des zu Grunde liegenden mythologischen Gedankens. Dass dieser astral ist, besagt die
Überlieferung und es bezweifelt in diesem Falle wohl auch
niemand, dass es sich um ein Sternbild handelt und um
eine Gestalt, welche stets als Sternbild gedacht und nur als
solches empfunden wurde. Hier ist also der astrale Charakter
des Mythus einmal unanfechtbar, auch für den Nichtsehen-
wollenden, und unangefochten. Sobald es sich aber überhaupt um eine Erscheinung des Sternhimmels handelt, ist
es von vornherein widersinnig, einen Ursprung anzunehmen,
dessen Zeit ein paar Jahrtausende nach der Festlegung
der astronomischen Einteilung des Sternenhimmels und seiner
Mythologisierung liegen würde.[1]

Das astrale Pulver war schon im alten und ältesten
Orient erfunden, sonst hätten es ja gewiss die Griechen —
nicht erfunden.

Es bedarf, wenn man überhaupt das astrale Wesen der
orientalischen Götterlehre kennt, keiner Überlegung, um sich
zu sagen, dass sie einem noch so begabten Epigonentum nichts
zu tun übrig gelassen hätte. Diese Betrachtungsweise will
sich aber nur schwer Bahn brechen und man glaubt das
Selbstverständliche immer erst, wenn man es für jeden Fall
bewiesen erhält. Darum ist das Engonasinbild lehrreich,
denn es ist trotz seines griechischen Charakters in völlig
derselben Durchbildung im Orient bereits in einer Zeit gebräuchlich, wo das Griechentum noch in den Anfängen seiner
Ausbreitung begriffen war.

---

[1] Winckler, Kritische Schriften III S. 83 und 89.

Bereits Stucken[1]) hat das nachgewiesen, indem er auf das Siegel aufmerksam machte, welches einem assyrischen Contracte aus der ersten Hälfte des siebenten Jahrhunderts[2]) v. Chr. aufgedrückt ist und den Engonasin mit den beiden Schlangen unverkennbar zeigt. Es bedarf nur der Gegenüberstellung der beiden Darstellungen, um die gleiche Deutung beider zu erweisen.

Damit ist denn die Bedeutung des schwierigen Gegenstandes als Schlange sicher und der in der kleinen Ausführung in seinen Einzelheiten unvollkommen wiedergegebene Schlangenkopf, als welcher das dreigespaltene Ende erscheint, braucht keine Sorgen mehr zu machen, insofern diese eine Eigenschaft in Frage kommt.

Immerhin gibt aber gerade diese merkwürdige Ausführung des Kopfes zu denken, denn sie muss dem Steinschneider Schwierigkeiten bereitet haben, und ein einfacher Punkt hätte den Kopf, wenigstens für uns, zweifellos weniger missverständlich angedeutet. Wenigstens war grade dieses die Ursache, welche mich zur früheren falschen Annahme veranlasste. Wenn also der Steinschneider sich eine besondere Mühe nahm, um etwas darzustellen, was uns eine Schwierigkeit bietet, so ist der richtige Gang der Schlussfolgerung, anzunehmen, dass er eine Eigenschaft der Schlange andeuten wollte, welche eben dem zu Grunde liegenden Mythus eigentümlich war.

Zunächst würde man vielleicht vermuten, dass es sich um eine nicht gut gelungene Wiedergabe eines breiten Schlangenkopfes handelt, und dann läge der Gedanke einer vielleicht unbewussten Erinnerung an die Uraeusschlange der Ägypter nahe. Übrigens müsste man sich doch wohl

---

[1]) Stucken, Astralmythen S. 49 der Contract III R 46 Nr. 3 und Corpus inscr. Sem. (Aram) Nr 23, datiert aus dem limu Sin-šar-uṣur über den Verkauf eines Sklaven Ištar-dûr-ḳâli und mit der Aufschrift ‏בלדד . . רזה.‏

[2]) D. h. nach 667, wo die limu-Liste abbricht, aber sicher noch aus der Regierung Assurbanipals.

vorstellen, dass der Steinschneider, der jedenfalls solche Stücke
gewerbsmässig herstellte, eine grössere und sorgfältig ausgeführte Vorlage hatte, sodass die Wiedergabe der betreffenden
Eigentümlichkeit doch mehr als unbewusst gewesen sein
müsste. Da wir als Ort der Herstellung auch Phönizien oder
Palästina ansehen müssen, so wäre einem dortigen Künstler
eine Schlange ohne die Eigentümlichkeit der Uraeusschlange
auch viel geläufiger gewesen. Man muss darum annehmen,
dass es sich um etwas mehr, um eine gewollte Andeutung
handelt, und es scheint, als ob sich eine Erinnerung daran
in manchen Sternkarten erhalten hätte. Der Engonasin, der
ja durchaus nicht nur mit Herakles gleichgesetzt wird, sondern
mit einer ganz erklecklichen Anzahl von Göttern und Heroen,[1]
ist in seiner Grundidee nichts als der Drachenkämpfer, der
überall und in den verschiedensten Einkleidungen begegnet.
Darüber kann kein Zweifel sein, denn er wird[2] auch als
solcher im Kampfe mit einer Schlange, d. h. mit der
Schlange dargestellt. Er ist also dasselbe, was der babylonische Tiamatkämpfer Marduk ist. Wir haben also die
Gleichung Engonasin — Schlange — Tiamat. Die Schlange,
welche der Engonasin der Sternkarte bekämpft, kann aber
nur der neben ihm stehende Drache sein.[3] Das gibt, nebenbei
bemerkt, wieder einen Beweis für die Richtigkeit des astralen
Systems, denn nur die Entsprechung der Bilder aus den (drei)
Himmelsteilen erklärt solche Gleichsetzungen: der Drache
am Nordhimmel entspricht der Tiamat,[4] er ist ihr Gegen-
bild, ihr Mann Kingu, d. h. ihre Darstellung am Nordhimmel.[5]

---

[1] Boll Sphaera S. 101—104; für die Bedeutung solcher Gleichsetzungen: Winckler, Krit. Schriften IV S. 93 Anm.

[2] Siehe die Darstellung bei Boll S. 102.

[3] Wie auch Boll annimmt.

[4] Winckler, Himmels- und Weltenbild S. 48.

[5] Das erklärt nach Winckler auch die bei Boll a. a. O. besprochene merkwürdige Schlange auf dem Baume, welcher der Engonasin — der hier als Herakles gedacht ist (vgl. folgende Anm.) —
bekämpft und die sonst als Hesperidendrache wie als Wasserschlange erscheint, denn auch diese wird auf dem Baum dargestellt.

Nun ist es auf jeden Fall merkwürdig, dass es Sternkarten gibt, welche Herakles[1]) als Gegner eine dreiköpfige

Das ist nicht (Boll) „von der bildlichen Tradition des Engonasin über-
nommen" worden, sondern es ist „Entsprechung" und demgemäss verschiedene Darstellung in Einzelfällen. Denn Tiamat ist natürlich die
Wasserschlange (Himmelsbild S. 147), der „Baum", d. h. sein Gipfel
ist der Nordhimmel, der Himmel Anus, der Olymp, das Paradies
(Winckler, Forschungen III S. 312), also der Drache = Schlange im
Paradies = Tiamat, welche in Anus Himmel eindringt = der vom
Engonasin bekämpften Schlange. Also der Engonasin kämpft am Süd-
himmel mit Tiamat = Wasserschlange (oder Cetus: darum linksarmig
wie Orion dargestellt: Winckler, Himmelsbild S. 51 und Krit. Schriften III
S. 102), am Nordhimmel mit dem Drachen, also sind die beiden gleich.

[1]) Hierdurch wird wieder bestätigt, was Stucken, Astralmythen
S. 49 anführt, dass Herakles und Engonasin „ursprünglich" ein Bild
gewesen seien; das Herüber und Hinüber zwischen beiden Gestalten
erklärt sich auf jeden Fall nur aus einer Wesensgleichheit — ebenso
wie bei Cetus und Wasserschlange. Ob übrigens nicht die zwei
Schlangen, welche den Engonasin erwürgen, auch auf diesem Wege
(Tiamat und Drache, oder Cetus und Wasserschlange) ihre Erklärung
finden?

Schlange gegeben haben.[1]) Nach üblicher Betrachtungsweise
würde man hierin eine Verwirrung seitens der Späteren oder
künstlerische Freiheiten zu sehen geneigt sein, allein wir
würden umgekehrt fragen, was denn die Astrologen veranlasst
haben sollte, eine solche merkwürdige Verwirrung anzurichten,
die schliesslich sich mit den Grundvorstellungen doch wieder
deckt. Die Schlangen auf unserer Gemme mit ihren dreifachen
Kopfenden müssen danach vielmehr als dreiköpfig beab-
sichtigt erscheinen — man vergleiche die einfachen Köpfe
auf dem assyrischen Siegel — und wir werden hier die Erklärung der Darstellung zu suchen habon, welche sich bis in
die späteren Sternkarten gerettet hat. So gewinnt die un-
scheinbare Gemme vielleicht eine besondere Bedeutung und
wir haben ein weiteres Beispiel für Erhaltung älterer Überlieferung[2]) in der bildlichen Darstellung der Sternkarten,
welche nicht kurzerhand als spätere Hineindeutungen angesehen werden können.

---

[1]) „Die neueren Sternkarten zeigen seit Hevelius' Firmamentum
Sobiescianum (1690) gewöhnlich den Kerberos oder eine drei-
köpfige Schlange (Hydra) als Gegner des Herakles (vgl. Ideler,
Sternnamen S. 358 ff." Boll, Sphära S. 103 Aum. 5.

[2]) Stucken, Astralmythen S. 275; Winckler, Himmelsbild S. 46 ff.;
Krit. Schriften III S. 106 ff. (gegen Boll).